한민고 이야기

한민고

×× 공교육의 비밀 병기 ××

이야기

임혜림, 김택헌, 김형중, 신병철 지음

포르체

시골 학교에서 찾은
공교육의 가능성

우후죽순(雨後竹筍)이라는 말을 아는가. 비가 온 뒤에 여기저기 솟는 죽순이라는 뜻으로, 어떤 일이 특별한 계기나 때에 순식간에 많이 일어남을 비유적으로 이르는 말이다. 대나무는 마디마다 공기층이 있어 가벼우면서도 단단하여 거친 비바람에도 쉽사리 부러지지 않는다. 또한 대나무는 영양분을 땅속줄기로 보내 저장하여 땅 위에 죽순으로 솟아나 생명을 이어 나간다. 오랜 기간 비축한 영양분을 적절한 때에 땅 위로 올려 주며 성장세를 지속하는 대나무는 예부터 강인함과 변함없는 고고한 정신의 표상으로 우리 조상들이 사랑해 마지않는 자연물이다.

경기도 파주, 첩첩산중 시골로 들어가면 대나무처럼 깊고 단단하게 뿌리내린 학교가 있다. 버스를 타고 달리고 또 달리면 2만여 평의 넓은 땅에 광활하게 펼쳐져 있는 한민고등학교의 모습이 나온다. 정문 앞에는 '나라를 사랑하고 함께 나누며 미래를 준비하는 한민인'이라는 문구가 적힌 큼직한 교훈석이 눈에 띈다. 근면함, 학업 성취, 인성뿐 아니라 나라를 사랑하는 마음, 공동체를 위해 나누고 희생하는 정신을 교육 철학으로 삼는 점이 남다르다.

한민고등학교는 복무 기간 계속 이동하고 전방에서 근무하는 특성으로 인해 안정된 주거 환경 마련에 어려움을 겪고 있는 군인 자녀의 교육 문제를 해소하고자 2014년에 설립되었다. 올해로 개교 10년 차가 된 한민고등학교는 개교 첫해부터 최상위권 학생들이 대거 몰리면서 큰 인기를 끌었다. 군인 자녀와 경기도 지역 일반 자녀로 구성된 한민고등학교는 전교생이 기숙사 생활을 해야 하며, 휴대폰이 금지된다. 대신 학교 건물 전체에서 무선 인터넷 사용이 가능하다. 불필요한 유혹에서 벗어나면서도 최첨단 시스템을 활용한 스마트 학습을 할 수 있는 것이다. 한민고등학교에는 최신식 시설과 우수한 교사진, 다채로운 교육활동 등이 있다. 첫 졸업생 중 11명이 서울대학교에 합격한 것을 시작으로 서울 상위권 대학, 이공계 특성화 대학, 사관학교, 경찰대학 등 많은 합격자를 배출하며 최고의 명문고등학교로 자리 잡았다. 2022년에는 일반고등학교 중 서울대학교 수시전형 합격자 수 1위를 하기도 했다.

한민고의 진정한 자랑거리는 입시 결과만이 아니다. 학교에 들어서면 우리가 흔히 상상하는 입시 준비를 위한 고등학교의 모습과 사뭇 다른 모습을 볼 수 있다. 강의실과 라운지 등지에 학생들이 삼삼오오 모여 자유롭게 토론하고, 오케스트라 공연을 위해 파트별로 연습하는 모습, 게릴라 합창 공연을 관람하기 위해 중앙 로비에 모여 있는 모습, 별이 쏟아지는 밤에 운동장에서 대형 스크린으로 영화를 관람하는 모습 등 대학 캠퍼스처럼 자유로움이 물씬 느껴지는 광경을 심심찮게 볼 수 있다.

한민고등학교의 가장 큰 장점은 경기도 소속의 일반고등학교라는 점이다. 영재학교, 특목고 등과 비슷한 수준으로 다양한 프로그램을 운영하고 있지만, 학비가 0원이다. 선발 방식은 오로지 중학교 내신 성적만 100% 반영되고 서류나 면접, 추첨도 없다. 또한 한민고등학교는 사교육이 없는 학교다. 전교생이 한 달에 한 번 귀가하여 주말 휴식 후 귀교하는 시스템상 학생들이 사교육을 받기 어려운 실정이다. 이러한 여러 제약에도 불구하고 한민고등학교는 어떻게 경이로운 성과를 낼 수 있었을까?

한민고등학교의 교육철학에 그 답이 있다. 한민고등학교의 교육 철학은 단순히 학업 성취와 점수를 올리는 데 가치를 두지 않는다. 교육과정이 좋아야 결과적으로 좋은 입시로 이어진다고 믿는다. 오로지 입시 교육에만 집중하지 않고, 외부 활동과 성적에 반영되지 않는 프로그램을 다양하게 권장한다. 이러한 교육 방침은 단시간에 원하는 바를 달성하기에 효율성이 부족해 보일지도 모른다. 짧은 기간에 눈에 띄는 화려한 결과를 뽐내는 다른 이들의 모습에 잠시 흔들릴 수도 있다. 하지만 미래 사회에서 꼭 필요한 능력은 단순 교과 암기력이 아니다. 교과서 지식만으로는 빠르게 변화하는 미래 사회에 대처하기 어렵다. 기존의 것을 바탕으로 새로운 것을 만들어 내는 창의력이야말로 미래 사회의 리더가 반드시 갖추어야 할 능력이다. 그렇기에 기본적인 수학(修學) 능력은 물론이거니와 학생들이 현실에서 직접 부딪히고 체험하는 과정의 힘을 믿는다.

다양한 지식과 경험을 바탕으로 배움의 방향을 스스로 찾아가도록 이끌어 주는 것이 한민고의 교육이다. 혼자 해내는 시간, 무엇이라도 각자의 꽃을 피워 내는 시간, 좌절을 맞고 극복해 내는 시간을 겪은 학생들은 자신이 겪은 시행착오만큼 더 단단해지리라. 한민고의 교육은 엘리베이터를 타고 초고속으로 올라가기보다는 느리지만 시다리를 짚고 올라가는 과정을 가르친다. 사고력을 확장하고 주체적으로 생각하는 방법을 배우는 과정을 따라 입시 결과가 결정된다. 스스로 서는 힘을 기른 수험생은 매번 바뀌는 입시 정책에도 휘둘리지 않는다. 이것이 한민고등학교가 대한민국 공교육의 모범이 되는 이유다.

지난 10년의 성과를 모으고 기록하면서 그 모든 성취와 의미를 몇 마디 말로 담기엔 부족하다고 생각한다. 좋은 교육을 하려 노력하는 한민고등학교의 방향과 취지에 공감한 많은 재학생과 졸업생, 학부모님, 그리고 교직원 분들의 도움으로 원고를 마무리할 수 있었다. 이 글을 빌어 깊은 감사의 말을 전한다.

우리는 앞으로 20년, 30년 후 더욱 빛날 한민고등학교의 미래를 기대한다. 영양분을 비축하듯 자신의 역량을 키우며 튼튼한 뿌리를 내린 학생들은 비바람과 같은 인생의 고충 속에서도 쉽사리 부러지지 않고 탄력성을 유지할 것이다. 적절한 때를 만나 마구 솟아오르는 죽순처럼 오늘도 자신의 영양분을 비축 중인 한민인의 밝은 미래가 우후죽순으로 돋아날 그 날을 기대하며 이 글을 마친다.

한민고등학교 교무실에서,
국어 교사 임혜림

목차

PART1

미래가 원하는 인재: 혼자의 힘, 함께의 힘

1. 자기주도적인 힘을 가진 인재

2. 적극적이고 진취적인 인재

3. 바른 인성과 공동체 정신을 갖춘 인재

PART2

교육의 미래, 미래의 교육: 무한한 가능성을 펼쳐라

3. AI 시대를 이끌어 갈 글로벌 인재

에필로그

PART 1

미래가 원하는 인재:
혼자의 힘, 함께의 힘

자기주도적인 힘을 가진 인재

자신이 좋아하는 일을
스스로 찾아가게 하는 교육

"너는 커서 뭐가 되고 싶니?"

이 질문만큼 학생들의 마음을 무겁게 만드는 질문이 또 있을까? 많은 학생이 수시로 받는 질문이지만 이에 즉답을 내놓으며 자신 있게 미래의 청사진을 펼쳐놓을 수 있는 아이들은 많지 않을 것이다. 이러한 현실에도 불구하고, 우리는 학교생활기록부에 진로 희망 사항을 기재해야 한다. 소싯적엔 학생뿐 아니라 학부모가 원하는 자녀의 진로 희망까지 기록했다. 물론, 학교 생활기록부의 내용 자체가 중요시되지 않았던 과거에는 그럭저럭 넘길 만한 부분이었을 수 있겠다. 하지만, 이제는 학교생활기록부가 그 자체로 대학 입시에 큰 영향을 주는 상황이기 때문에 상기한 현실 상황 속 헤맴은 수험생들의 마음을 무겁게 하고 있다. 따라서 진로 희망은 비단 미래의 문제만이 아니라 아닌 현시점에서도 전략적으로 접근할 필요가 있는 현실적인 문제로 다가온다.

 학교 현장에서 학생들과 진로 상담을 나눠보면 학생들의 입장은 크게 두 가지로 나뉜다. 진로가 지나치게 뚜렷하거나 혹은 불분명한 경우다. 이때 교사는 유연한 사고의 필요성을 조언하며 상담하는 지혜를 발휘해야 할 것이다. 우선 진로가 뚜렷한 학생에 대해서는 명확한 목표가 삶의 나침반과 지도 역할을 담당하며 청소년기의 학창 시절을 이끌어 나갈 것이라는 희망적인 메시지를 전달한다. 이와 같은 상황은 상담에 임하는 교사나 학생 모두에게 부담이 적은 편이다. 그러나 안타깝게도 학생들이 추구하는 진로가 본인의 순수한 꿈인지, 아니면 부모님을 비롯한 기성세대, 나아가 우리 사회가 요구하는 욕망인지는 학생 자신도 정확하게 모르는 경우가 대부분이다.

 학생의 진로가 불분명한 것은 상담에 임하는 교사나 학생 모두에게 어려운 문제로 다가올 수 있다. 학생이 진로 문제로 고민하는 대부분 자신에 대한 이해 부족과 미래 사회에 불명확한 예측이 가장 큰 이유로 작동한다. 실제로 교육부와 한국직업능력연구원의 '2022년 초·중등 진로 교육 현황조사' 결과를 살펴보면, 희망 직업이 없다는 학생들이 중학교 38.2%, 고등학교 27.2%로 집계되었다. 이는 전년도보다 중학교는 1.4% 포인트, 고등학교는 3.5% 포인트가 각각 증가한 수치이다. 희망 직업이 없는 이유로 중학생(52.5%), 고등학생(47.7%)은 '내가 무엇을 좋아하는지 아직 몰라서'를 가장 많이 꼽았다. 자신에 대한 이해 부족이 자연스럽게 진로에 대한 고민으로 이어지는 것이다.

고등학교 시기에 당장 적성에 대해 확신하고 진로를 확정하는 것이 학생들의 미래에 얼마나 큰 영향을 끼친다고 할 수 있을까? 생각해 보면 '진로 희망'대로 살아가고 있는 경우는 많지 않다. 굳이 연구 결과나 통계 자료를 인용하지 않더라도 주위를 둘러보면, 아니 자신만 보더라도 '진로 희망'은 어디까지나 '희망'일 뿐이라는 걸 알 수 있을 것이다. 이 시기에 학생들에게 필요한 것은 대학 입시를 향한 정확한 진로 설정보다는 인생의 전반적인 설계도를 그릴 수 있도록 도움을 주는 것, 또 인생의 설계도를 그릴 수 있는 의지와 역량을 키워 주는 것이 아닐까?

이때 부모와 교사가 도움을 주기 위해 무엇보다 중요한 전제조건이 있다. 부모와 교사는 자녀와 학생들이 살아가고 있는, 또 살아갈 시대가 본인의 성장 시대와 다름을 인정해야 한다. 과거의 안경으로는 미래는 고사하고 현재조차 제대로 볼 수 없음을 자각해야 한다. 세상은 급변하고 있다. 과거에 학습법은 이 시대에 그 유효성이 떨어진다. 아직도 아이들이 책상 앞에 앉아 성실하게 지식을 암기하기만 하면 성공할 수 있다는 믿음부터 버려야 한다.

미래학자 버크민스터 풀러는 '지식 두 배 증가 곡선'을 통해 "인류의 지식 총량이 늘어나는 속도가 100년마다 두 배 증가

해 왔는데, 1900년대부터는 25년, 현재는 13개월로 그 주기가 단축되었고, 2030년이 되면 3일마다 두 배씩 늘어난다."는 지식의 빅뱅에 대해 이야기한다. 이처럼 기성세대는 자신의 과거와 현재의 삶을 근거로 학생들이 살아갈 미래 사회에 대해 쉽게 예단하기 어렵게 되었다. 이제 변화를 따라가기 위해서는 시대의 변화를 일일이 익히고 한 걸음 늦게 따라가는 게 아니라 매 순간 창의적으로 대처할 수 있는 역량을 갖추는 것이 중요하다. 학생들의 미래를 예측하거나 구체적인 길을 제시해 주는 것이 아니라, 새로운 방식으로 생각하고 혁신적인 아이디어를 실현할 수 있는 자주성과 용기를 길러 주는 것이 교육이 가져야 하는 힘이고 학교의 역할이다. 아울러 모든 존재의 가치를 인정하는 진로 교육이 아이들을 행복하게 만드는 진로 교육이라는 관점을 정립해야 할 것이다.

"모든 아이는 우리 모두의 아이"라는 교육부의 구호도, "모든 아이의 적성은 고귀하다"는 교육계의 오래된 명제도 모든 학생이 소중하다는 믿음에서 비롯되었다. 모든 학생을 소중히 여기기 위해서라도 기성세대와는 다른 학생들의 세계를 이해하고자 하는 태도가 중요하다. 학생들의 생각과 목소리를 귀가 아닌 온몸으로 경청할 때, 미래 사회를 살아갈 학생들이 원하는 진로 교육이 가능하다. 그러한 측면에서는 학생들을 위한 진로 교육보다 기성세대들을 위한 진로 교육이 선행되어야 할지 모른다.

우선 잘 놀게 두는 것, 삶의 의미를 알게 하는 것, 노동의 가치와 즐거움을 알게 하는 것, 인간성을 회복하는 것, 학생들의 꿈을 존중하는 것이 진로 교육의 시작임을 명심해야 한다. 이러한 어른들의 노력이 뿌리가 될 때, 학생들이 행복한 진로 교육도 그 줄기를 뻗어나갈 수 있다. 이를 위해 학교에서는 학생들 각자가 '나는 존엄한 존재'라는 사실을 깨닫도록 학교 교육과정을 설계하고, 모든 학생의 선택을 소중하게 받아들이며, 호기심을 갖고 이를 발전시키는 방법을 알려 주는 것, 미래가 아닌 지금 행복한 삶을 살 수 있게 하는 것을 고민해야 한다.

부모와 자녀, 교사와 학생의 관계를 함께 걷는 것에 비유하자면, 어린 시절에는 아이를 앞에 두고, 청소년기에는 옆에 두고, 성인에 가까워질수록 앞에 두는 것이 바람직하다. 기성세대들이 학생들이 가지고 있는 주체성을 신뢰하고 그들의 선택을 지지해 줄 때, 학생들의 영혼은 한 뼘 더 성장할 수 있다. 진학과 진로에 몰입된 진로 교육에서 벗어나야 기성세대와는 다른 신인류와 함께 모두가 행복한 삶을 살아갈 수 있을 것이다.

스스로 선택하는 차별화된 교육과정

우리나라는 초등학교 6년과 중학교 3년을 의무교육 기간으로 지정하고 있다. 사회의 구성원으로 살아가기 위한 기본적인 교육 기간인 셈이다. 그렇다면 고등학교 3년은 무엇을 위한 기간일까? 우리나라에서는 보통 좋은 대학에 입학하기 위해 모의고사 점수를 올리고 입시를 준비하는 기간으로 여겨진다. 그러나 고등학교는 단순히 입시를 위해 거쳐 가는 곳이 아니라 학생들이 이후의 전공을 준비하며 미래를 적극적으로 준비하고 설계하기 시작하는 첫 단계라고 할 수 있다.

학생들은 이 시기에 최대한 다양한 지식과 경험을 접하면서 자신이 잘하는 것, 또 좋아하는 것을 어렴풋하게라도 탐색해야 한다. 학교 생활기록부를 채우기 위해 공부하는 것이 아니라, 자신의 꿈을 찾고 교육 활동에 다양하게 참여하며 지식과 경험의 폭을 넓히는 시간으로 3년을 보내는 것이다. 그 과정에서 원하는 전공과 대학을 찾은 아이들은 지난 과정을 바탕으로 대학에서도 더 심화된 탐구를 지속할 수 있다.

한민고에서 이루어지는 교육은 획일화된 지식 전달이 아니다. 아이들이 스스로 공부하고 싶은 것을 찾아가는 과정을 도와주고, 그것을 실제로 배울 수 있도록 필요한 지식을 전달하는 것에 전제를 두고 있다. 따라서 다른 일반학교와 달리 교육과정에서도 학생에게 선택의 기회를 많이 제공한다. 1학년 때는 공통 교육과정을 진행하지만 2학년 때 진로 선택 교육과정 운영, 3학년 때는 심화 과목 선택 운영 등을 통해 관심 분야에 대한 심화 과목을 심도 있게 이해하고 학문적인 호기심과 도전 정신을 기르도록 하고 있다.

선택 교과 중에서 한민고의 차별점이 특히 두드러지는 분야는 과학과 수학이다. 대부분의 학교에서는 3년에 걸쳐 기초부터 심화 교과까지 수강하지만, 한민고에서는 1, 2학년 때 기초부터 심화 교과 학습을 한 뒤 3학년 때 고급 교과를 수강한다. 현재 운영 중인 한민고의 과학 교과 교육과정 편제표를 소개하자면 다음과 같다.

1학년 : 통합과학

2학년 : 물리학I·II, 화학I·II, 지구과학I·II, 생명과학I·II

3학년 : 고급 물리학, 고급 화학, 고급 지구과학, 고급 생명과학

교육부는 최근 고등학교 1학년이 되는 학생부터 고교학점제를 전면 도입하겠다고 발표했다. 고교학점제란 고등학생이 대학생처럼 교과를 선택해 들으며 일정 학점을 이수하면 졸업이 가능한 제도이다. 이 제도가 제대로 실현된다면 학생 개개인의 진로와 적성을 찾는 좋은 기회가 될 수 있다. 다만 실제 현장에서 이 제도를 온전하게 실현하기에는 교사 수급 문제, 학급 편성 등의 제약이 꽤 큰 실정이다.

한민고등학교는 고교학점제 선도학교로 일찍이 내실화된 고교학점제도의 운영을 위해 노력해 왔다. 여기에는 선생님들의 노력과 희생을 바탕으로 성과를 내고자 하는 아이들의 열정이 합쳐졌기에 좋은 시너지를 낼 수 있었다고 본다. 지금은 제법 안정기에 접어들어 학생에게 최대한 많은 선택권을 부여할 수 있게 됐다. 그래서 다양한 주문형 강좌를 실현하고 필요한 경우에는 온·오프라인 공동 교육과정도 운영한다. 국제 경제, 보건, 심리학 등 개설이 어려운 교과의 경우 온라인으로 공동 교육과정을 수강하도록 하며 지역 내 교육과정 네트워크를 구축

하여 학생들이 다양한 선택을 통해 배우고 싶은 것들을 주도적으로 탐구할 수 있도록 하고 있다.

실질적으로 우리나라 고등학교 교육은 아이들이 원하는 교육에 초점을 맞추기 어렵다. 개인의 적성과 흥미 탐색은 입시 이후로 미루는 경향이 있다. 일단 대학에 붙고 나서 원하는 공부를 하라는 식이다. 한민고의 교육과정은 일반학교들과 지향점부터 과정까지 판이하게 다르다 보니, 입시를 목표로 하는 이들에게는 이런 식의 교육이 대입에 긍정적으로 작용할지 의문이 생길지도 모른다. 하지만 이 교육과정으로 실제 서울 상위권 대학들에 높은 합격률을 보이고 있다. 또한 POSTECH(포항공과대학교), KAIST(한국과학기술원), UNIST(울산과학기술원), DGIST(대구경북과학기술원) 등 이공계 특성화대학 합격생도 다수 배출해 왔다. 최근에는 대입 전형에 블라인드 제도가 도입되어 지원자의 이름, 출신 고등학교 등 인적 사항을 가리고 오로지 내용만으로 평가한다. 그럴 때 한민고 학생들의 학교생활기록부가 더욱 빛을 발한다. 결과도 결과지만 그만큼 중요한 개개인의 피땀 어린 노력과 과정이 그대로 녹아들어 있기에, 대학에서도 그러한 한민고 학생의 역량을 알아본다.

결과적으로 한민고에서는 좋은 교육이 좋은 입시 결과로 이어진다고 믿는다. 입시 자체를 소홀히 여길 수는 없지만, 입시만을 위한 공부가 아니라 탐구적이고 창의적인 교육을 바탕으로 성장한 아이들이 결과적으로 원하는 대학에 진학하여 자신의 열정을 이어갈 수 있게 된다는 점이 중요하다.

한민고는 매일 일과 시작 전에 교과 공부에 대해 상담하러

오는 학생들이 많다. 이때도 아이들이 고등학교 3년 동안 입시를 '목표'가 아니라 '과정'으로 생각하길 바라는 마음으로 지도하고 있다. 특히 가장 중점으로 두는 것은 '큰 틀을 보여 주는 일'이다. 물론 사교육을 통해 디테일한 지식을 더 쌓을 수도 있겠지만, 거기에만 몰입하다 보면 정작 자신이 하는 것이 무엇인지, 어디로 향하고 있는지 모르는 경우가 허다하다. 그래서 반드시 지금 목표하는 영역과 공부해야 하는 분야가 무엇인지 큰 그림을 그리고 그것에 맞게 계획을 세워 공부할 수 있도록 조언하여 이끌어 주려고 노력한다.

물론 어디까지나 조언일 뿐 방법은 스스로 찾아야 한다. 한민고의 차별화된 교육과정은 학생들이 자신의 적성과 흥미를 바탕으로 심화된 학습을 할 수 있도록 도와주는 하나의 제도다. 자신이 무엇을 배우고 싶은지, 그 지식을 바탕으로 무엇을 탐구하고 싶은지 생각해 본 아이들은 자신이 갈 길을 주체적으로 찾을 수 있다.

벼락치기가 통하지 않는 시험, 나만의 학습법을 찾다

자신이 공부하고 싶은 분야를 직접 선택한다고 해도 정말 스스로 공부하고 학습 관리를 잘할 수 있을지 의구심이 들 수도 있다. 한민고는 전교생이 기숙사 생활을 하기에 사교육을 받을 수 없는 환경이다. 한 달 가까이 산속 학교에서 지내다 나가기 때문에 학원에 다니기가 어렵다. 많은 사람이 한민고의 일과를 듣고 가장 놀라는 부분이 학습 시간이다. 주중에는 200분에서 최대 350분까지, 주말에는 350분에서 최대 690분까지 자율 학습 시간이 주어진다. 등하교 시간 등 쉽게 버려지는 시간을 아껴 긴 시간을 어떻게 활용할지는 자신에게 달려 있다. 한민고에 입학하면 대부분 처음에는 시간을 어떻게 활용할지 몰라서 매우 힘들어한다. 그러다가 점점 자신만의 방식대로 시간을 주도적으로 사용하는 방법을 익힌다. 자율 학습 시간을 자신에게 유용하게 활용하고 학습하는 방식을 찾아가는 것이다.

한민고는 특목고와 유사한 교육 활동을 하고 있지만, 엄연히 일반고등학교로 분류되기 때문에 오로지 중학교 내신 성적 결과로만 학생을 선발한다. 이에 중학교 3년 내내 성실하게 성적을 유지하고 관리하는 학생들이 한민고에 입학할 수 있다. 물론 중학교 내신 성적이 높다고 해서 반드시 학업 성취가 높은 것은 아니다. 다만 3년 내내 좋은 성적을 유지하고 임원 활동, 봉사 활동 등 다양한 활동을 하려면 성실함이 기본 요소일 수밖에 없다. 중학교 시험은 주로 암기형 문제가 많이 출제되는데, 고등 교과 수준의 학습을 하기 위한 기초 지식을 습득하는 시간이기 때문에 이 역시 학생들이 갖추어야 할 능력이라고 할 수 있다.

한민고에 입학한 학생들과 상담을 하면서 그동안 공부했던 방법을 물어보면 주로 시험 직전 2주 정도 중요한 내용을 정리하여 암기하는 식의 공부를 해 온 경우가 많다. 그러다가 한민고에 입학하고 첫 번째 시험을 치르기까지의 기간을 거치고 나면 많은 학생이 예상치 못한 학습 방식과 새로운 문제 유형에 적잖이 당황한다. 거기에 생전 처음 보는 점수의 성적표를 보고 쓰디쓴 좌절감을 맛보기도 한다. 한민고의 시험에서는 벼락치기식 암기가 통하지 않는다. 학생들 대부분 선생님이나 부모님이 시키는 대로 공부하고 주어진 과제를 충실히 수행하는 데 익숙하다. 지금까지처럼 수업을 열심히 듣고 암기만 하면 되는 줄 알았던 학생들은 그동안 봐왔던 시험과는 전혀 다른 유형의 시험지를 마주하게 된다.

한민고의 시험 문제는 주로 수능형과 탐구형으로 제시된다. 수능형 문제는 거창한 것이 아니라 독서하고 추론하여 새로운 사례에 적용하는 능력을 키우는 방식이다. 이런 문제는 암기만 해서는 풀 수 없다. 당연히 기출 문제나 학원에서 주는 예상 문제 등을 풀어 봐도 크게 도움되지 않는다. 그러다 보니 애초에 사교육도 큰 의미가 없다. 선생님이 수업 시간에 가르쳐 준 내용을 새로운 지문이나 문제에 스스로 적용해 보지 않고서는 한민고의 문제를 풀 수가 없기 때문이다.

보통 학생들은 학교 내신 공부와 수능 공부가 별개라고 생각하는 경향이 있다. 그래서 내신 성적 관리가 미흡한 학생의 경우, 고등학교 재학 중간에 수능을 준비한다며 학교 수업을 소홀히 하는 경우가 있다. 하지만 한민고에서는 학교 공부가 자연스럽게 수능 대비로 이어진다. 지식 암기 위주가 아니라 탐구를 하고, 이것을 문제에 적용하는 능력을 키워 주기 때문이다. 이러한 학교의 노력을 대학에서도 인정하여 높은 대학 진학률로 이어지고 있다.

한민고에서는 그동안 사교육 중심으로 공부하던 아이들도, 그렇지 않은 아이들도 모두 같은 선상에 서게 된다. 물론 처음에는 사교육 위주로 선행 학습을 하고 온 아이들이 조금 더 앞선 것처럼 보일 수 있다. 하지만 곧 선행 학습이 반드시 높은 학업 성취로 귀결되지 않는다는 것을 학생들도 알게 된다. 선행을 통해 학습 성취를 높일 수 있는 아이들이라면 선행 학습을 하지 않아도 학교 수업을 통해 충분한 지식을 습득하고 다양한 경험을 누릴 수 있다.

이렇게 아무런 요령 없이 오롯이 자신과 마주하게 된 아이들은 비로소 자기 자신을 객관적으로 바라보기 시작한다. 미래 사회를 살아갈 아이들에게 필요한 역량으로 어디에서나 자기주도성을 강조하지만, 자기주도성을 갖추는 것은 일차적으로 자신을 충분히 이해하는 단계에서 출발한다. 자신에게 무엇이 필요하며 무엇이 부족한지 타인이 알려 주는 게 아니라 스스로 느껴야 하고, 이를 바탕으로 지금까지의 습관을 수정하여 새로운 계획을 짜는 연습을 하게 되는 것이다.

또한 학교 내에는 교과 수업을 따라가기 어렵거나 자신이 부족한 영역을 보충하고 싶은 아이들을 위한 다양한 프로그램이 진행되고 있다. 교과별, 영역별, 수준별로 다양하게 개설되는 방과 후 수업을 신청하여 보충 학습을 할 수 있다. 방과 후 수업은 희망자에게 신청을 받아서 이루어지는데 거의 인기 콘서트 티켓팅 수준으로 경쟁이 치열하다. 그 외에도 학업 성취가 다소 낮은 학생들을 소수 인원으로 모아 진행하는 강좌도 다양하게 개설된다. 교사와 학생 사이에 이루어지는 '청출어람'도 그중 하나로, 교사 한 명이 학생 한 명에서 세 명을 맡아 교과 관련 지도를 하게 된다.

교사가 아니라 졸업생들의 지원으로 이루어지는 '어나더 클래스'라는 멘토링 프로그램도 진행되고 있다. 졸업생 중에서 지원자를 받아 학업 성취에 어려움을 겪는 친구들을 소수 정예로 주말에 지도해 주는 것이다. 먼저 한민고 학교생활을 경험해 본 졸업생인 만큼 학업의 어려운 부분을 누구보다 잘 이해하고 있다. 덕분에 학교 수업의 특성을 고려하여 수업을 진행할 뿐 아니라, 선배로서 학교생활 조언을 해 주기도 하는 의미 있는 시간이다. 학교에 대한 추억을 되살리고자 혹은 후배들을 위해 봉사하는 마음으로 기꺼이 지원하는 졸업생들이 많아 이 역시 경쟁률이 꽤 치열하다. 오죽하면 재학 시절 담임 선생님에게 연락해서 자신을 뽑아 달라고 로비하는 일이 발생할 정도니 말이다. 이렇게 학교를 위한 학생들의 애정과 열정이 고맙다. 한 학기가 끝나면 엄격한 강의 평가와 결과 점수 등을 종합하여 후년 봉사자를 선정하기 때문에 졸업생들 역시 책임감을 느끼며 활동에 임하고 있다.

한민고에 입학해 새로운 환경에 적응하고 자신의 부족한 부분을 깨닫는 과정이 아이들에게는 하나의 고난일지도 모른다. 그러나 이러한 경험 없이 대학에 진학하게 된다면 사회에서 더 큰 치명타를 입게 되지 않을까? 누구에게나 처음은 힘들고 미숙하기 마련이다. 자기 자신을 이해하고 그에 꼭 맞는 공부 방법을 찾는 과정은 오히려 아이들에게 큰 기회가 될 것이라고 믿어 의심치 않는다.

애초에 한민고를 지원하는 용기를 가진 것이 자기주도적인 생활에 대한 의지의 발현이라고 생각한다. 부모님과 떨어져 기숙사 생활을 해야 하며, 사교육도 받을 수 없는 환경을 각오하고 한민고에 진학했다는 것 자체가 스스로의 힘으로 성취해 보겠다는 굳은 결심이 뒷받침되어야 하는 일이기 때문이다. 실제로 처음에는 힘들어해도 버티며 내공을 쌓고 저마다의 방식으로 나아가는 친구들이 대부분이다. 그렇게 버티면서 졸업하고 나면 힘들었던 시기를 돌아보면서 다들 이야기하곤 한다. "내 인생에서 처음으로 치열하게 살았던 것을 칭찬해 주고 싶다."라고 말이다.

틀릴 수 있는 용기를 배우다

이전 세대까지 학교에서 말하는 모범생이란 '주어진 것을 시키는 대로 잘 따르는 학생'이었다. 그런데 학교라는 시스템 속에서 부모님과 선생님이 시키는 대로 잘 따르기만 하면 성인이 된 후 정말 자신이 원하는 것을 찾고 성취감을 느끼는 행복한 삶을 살아갈 수 있을까? 이 질문에 대해서는 분명히 회의적으로 느끼는 사람들이 많을 것이다. 성적에 맞춰 이름 있는 대학에는 들어갔지만, 원하는 전공이 아니라서 흥미를 느끼지 못하고 흐지부지하게 대학 생활을 마무리하는 경우도 적지 않다.

이전 세대를 생각해 보면 초중고 교육과정에서 창의성을 기르는 교육을 받아본 적이 한 번도 없는 경우가 대부분이다. 그저 외우고 또 외우고, 별다른 의심 없이 방대한 지식을 뇌에 집어넣기만 바빴다. 그러나 막상 사회에 나오면 우리에게 갑자기 창의성을 요구한다. 물론 창의성은 그렇게 거창하고 고매한 것이 아니라 배운 것을 기반으로 조금만 가지를 뻗으면 발휘할 수 있다. 이를 위해서는 초·중·고에서 배운 기초 지식이 단단히 쌓여 있어야 하는 것도 맞다. 그러나 그 교육을 받는 동안 수동적인 삶의 자세에 익숙해져 버리면 막상 창의성을 요구하는 순간에는 당황할 수밖에 없다. 정작 사회에 나와서 창의적으로 생각하는 방법을 떠올리지 못하는 것이다.

중고등학교 시절에 창의적인 생각을 누르는 또 다른 요인은 교육 현장의 분위기다. 초등학생 때까지는 서로 교실에서 손을 들고 발표하지 못해 안달이었는데, 왜 고등학생이 되면 최대한 튀지 않으려고 할까? 물론 사춘기라는 시기적 영향도 있겠지만 더 큰 요인은 '틀리면 어떡하지'라는 걱정과 부끄러움 때문일 것이다. 한민고의 교육 방식은 바로 이 순간에 빛을 발한다. 틀린 것이 아니라 다르다는 것을 가르치기 때문이다. 서로 다른 분야를 탐구하고 각자 자기만의 과제를 수행하다 보니, 누군가 작은 실수를 하더라도 틀린 것이 아니라 그저 다른 모습을 갖추고 있을 뿐이라는 것을 깨닫게 된다.

한민고의 아이들이 탐구력과 창의성을 기를 수 있는 가장 큰 힘은 누구도 서로의 능력을 예단하지 않는다는 점이다. 엉뚱한 발상도, 별난 아이디어도 틀렸다고 여기지 않고 서로의 의견을 재미있게 들어주며 같이 시도해 보자는 학습 자세를 선생님에게서, 학교생활 속에서 배운다. 덕분에 다소 괴짜같이 실험실에 틀어박혀서 탐구하는 아이도 있고, 온종일 운동장에 앉아서 구름이나, 별만 쳐다보는 친구도 있다. 어떤 학생은 뒷산 연못에 장화를 신고 들어가서 생물을 채집하기도 한다.

남들과 달라도 있는 그대로 인정받는 경험을 한 아이들은 비로소 틀려도 괜찮다는 용기를 갖게 된다. 그리고 틀려도 괜찮다는 용기는 다시 서슴없이 도전할 수 있는 과감한 실행력으로 이어진다. 때로는 실패하고 부딪치며 헤매지만, 그 과정을 거쳐서 실력은 분명히 향상한다. 실패를 쌓으며 치열하게 나아가고 도전하는 법을 배우는 것이다.

보통 사람들은 성공 후의 화려한 결과만 보지만, 한민고의 선생님들은 성공의 이면에 수없이 깨지고 실패하는 과정이 있었다는 것을 잘 알고 있다. 그 뒤에 얻어진 성취가 아이들에게 얼마나 뿌듯하고 달콤한 열매이자 원동력의 씨앗이 되는지도 말이다. 그래서 한민고 선생님들은 신입생들에게 늘 이야기한다. 시작하지 않으면 아무 일도 일어나지 않으며, 실패하지 않으면 성공도 없다고. 우리 아이들이 실패를 통해 오로지 성공만이 가치 있는 게 아니라 그 뒤에 남은 과정까지도 충분히 의미 있다는 것을 깨닫길 바라는 마음이다. 그런 아이들이 홀로 멋지게 설 수 있도록 이끌어 주는 것이 학교와 교사의 역할일 것이다. 분명 잘 해내리라는 믿음을 준다면 아이들은 놀라울 만큼 스스로 빠르게 성장해 간다.

미래 사회의 필수 능력, 스피치 능력

고등 사고 능력을 확장하기 위해 행해야 하는 국어 영역으로 말하기, 듣기, 쓰기, 읽기 등의 활동이 골고루 포함된다. 실제 고등 국어 교과도 이러한 네 영역을 포함하여 구성되며, 이는 수능까지 이어진다. 궁극적으로 수능이 요구하는 능력은 기본 역량이 바탕에 깔린 '탐구력'이다. 주어진 텍스트와 조건을 기반으로 결과를 산출할 능력이 있는지 평가하는 것인데, 이 능력은 하루아침에 길러지지 않을 뿐 아니라 누가 가르쳐 준다고 해서 고스란히 배울 수 있는 것도 아니다. 주어진 것을 수용하기만 하는 게 아니라 주체적으로 생각하여 결과를 도출하는 능력을 갖추는 것이 궁극적인 국어 교육의 목적인 셈이다.

사실상 고등 교실에서는 주로 듣기와 읽기에 국한된 활동을 진행한다. 그런데 당장 사회에 나가면 요구되는 능력이 바뀐다. 타인을 설득하는 글을 써야 하고, 자신을 어필하는 프레젠테이션 능력도 필요하다. 대학 입시만을 목표로 열심히 달려온 친구들이 사회에 나가서 제일 힘들어하고 적응하지 못하는 부분이 여기에 있다. 창의력과 주체성을 키우는 교육을 받은 적이 없는데 사회는 당장 그 능력을 적극적으로 발휘하도록 요구하기 때문이다. 그래서 한민고에서는 답이 무엇인지를 찾는 교육이 아니라 답을 찾아가는 과정을 생각할 수 있도록, 다양한 기반 지식 교육을 진행한 후에 그를 넘어서는 주체적인 탐구 능력을 키워 주기 위해 교육하고 있다.

한민고에서 말하기 능력을 기르기 위한 활동은 각 교과에서 다양하게 이루어진다. 예를 들어 국어 시간에 말하기 능력을 가르치고 평가하기 위해 '도서관을 활용한 독서 발표 프로그램' 등 다양한 주제로 발표 시간을 가져 수행평가에 반영한다. 인문 자연 과제연구 및 교과 시간에도 자신만의 연구 과제 설정 배경과 진행 과정, 결과 등을 모아 친구들 앞에서 발표하는 시간을 갖는다. 영어 시간엔 각종 시사 문제 등을 바탕으로 친구들과 조를 짜서 영어로 토론을 진행한다. 특히 1학년 학생들은 원어민 선생님과의 수업을 통해 영어 말하기 능력을 신장시키고 있다. 수업이 전부 영어로 진행되는 프로젝트 수업 중심인 카이스트, 포스텍 등에서 무리 없이 강의를 들을 수 있는 데는 이 과정이 어느 정도 일조하지 않았을까 싶다.

이때 학생이 자신의 인지 수준별로 한 단계 도약하게 하는 데 제일 중요한 역할을 하는 것이 바로 교사의 피드백이다. 물론 평가 과정에서 결과적으로 점수가 매겨지기는 하지만, 더 중요한 것은 말하는 능력 향상이다. 따라서 발표에 대한 피드백은 최대한 자세하게 이루어진다. 보통 국어나 영어 등 언어 교과에서는 말하기 방식과 내용 구성 등 전체적인 요소를 골고루 피드백하는 반면, 과학이나 수학 등 타 교과에서는 교과 내용 중심으로 피드백이 진행된다. 때에 따라 말하기 과정을 녹화해서 평가하기도 하고, 활동 후에 개별로 피드백을 전달하기도 한다. 수행평가 발표 영상을 채점하느라 학기 말마다 핸드폰을 온종일 부여잡고 사는 선생님도 있다. 학교생활기록부 과목별 세부 능력 특기사항도 이 과정들을 녹여서 작성된다.

한민고에서 자연스럽게 이루어지는 다양한 탐구와 발표 활동은 아이들이 더 큰 무대에서 역량을 발휘하고 인정받는 기회로 이어진다. 모의 UN* 활동을 통해 다양한 국제 문제에 대해 이해하고 각국의 서로 다른 이해관계를 파악하는 활동을 했는데, 이를 바탕으로 글로벌 리더로서의 의식과 자질을 기르고 추후 국제포럼 등에 참석할 기회도 얻었다. 이러한 학습 과정은 아시아 태평양 청소년 환경 포럼 동상, 2019 세계 창의력 올림피아드 우수상, 국제영어대회(IET) 금상, 한국로보컵 호주 오픈대회 한국 대표 선발 및 출전, 2017 로보컵 싱가포르 오픈 1위, 2022 겐트대학교 YSC(Young Scientist Challenge) 우승, 2023

---

* UN 회의 과정의 전반을 익히기 위한 과정. UN 각국 대표단과 의장, 사무국원 등의 역할을 배분하고 맡아서 직접 토론과 협상, 결의안 작성, 결의문 도출 등 국제 협상의 발표 능력 등을 길러 국제 사회의 리더 자질을 기르도록 한다.

대한민국 독서토론 논술대회 우수상 수상 등 국내외로 좋은 결실을 얻고 있다.

자기 생각을 논리적이고 조리 있게 정리하여 발표하는 활동에 처음부터 두각을 나타내는 학생들도 있지만 익숙한 활동이 아니다 보니 시간이 걸리는 학생들도 있다. 특히 내향적인 아이들이 처음에는 힘들어하기도 한다. 하지만 한민고는 교육과정에 3년 내내 발표 시간이 있어 점점 적응하고 단련된다. 설령 고등학생 때 이를 도외시한다고 해도 사회에 나가면 결국 겪을 수밖에 없는 활동인 만큼 고등학교 과정에서 여러 번 대중 앞에 서 보고 자신감을 향상하는 것은 반드시 도움이 된다. 다수의 발표와 피드백을 바탕으로 아이들은 더 발전된 모습을 보여 준다. 할 수 없을 것 같았지만, 각고의 노력 끝에 할 수 있게 된 자신의 잠재력에 스스로 놀라면서 말이다.

사고를 확장하는 글쓰기는 경쟁력이 된다

사회생활을 하다 보면 깨닫는 사실이 하나 있다. 학업은 단순히 문제의 답을 맞히고 대학에 진학하는 것에서 멈추지 않는다는 것이다. 고등학교를 졸업하고 대학에 가서, 그리고 사회에 가서도 끊임없이 생각하고 공부해서 사고를 확장해 나가야 그 결과가 개인과 국가의 발전으로도 이어진다. 고등학교 때까지는 선생님이 학업을 이끌어 줄 수 있겠지만 졸업 후에는 스스로 하지 않으면 제자리에 머물게 된다. 그래서 학습을 시키는 것이 아니라 학습하는 방법을 깨닫도록 돕는 것이 고등학교 과정의 가장 중요한 역할이기도 하다.

이처럼 사고를 확장하는 법을 배우기 위하여 꼭 필요한 연습이 바로 글을 읽고 쓰는 활동이다. 책을 읽으면 잘 정돈된 지식을 가장 쉽게 얻을 수 있지만, 이를 바탕으로 자기만의 생각을 정리하고 적어 봐야 비로소 그 지식은 생명력을 얻는다. 기존에 가지고 있던 정보와 새로운 지식을 연결하며 생각을 확장하고 새로운 아이디어를 떠올릴 수 있게 되는 것이다. 나아가 글을 쓰는 동안 자신의 지식 수준을 심화시킬 수 있는 또 다른 글을 읽고자 하며 이 순환 과정에 점차 익숙해지게 된다.

이런 교육 이상을 실현하기 위한 한민고의 글쓰기 활동 중 하나가 '꿈 전공별 역량 콘서트'이다. 프랑스에는 '바칼로레아(Baccalaureate)'라는 고등학교 졸업 시험이자 대학 입학 자격시험이 있다. 주제어를 주고 그에 대한 자신의 의견을 논리적으로 서술하는 형식의 시험이다. 프랑스에서는 그해의 주제어가 제시되면 수험생뿐만이 아니라 모든 프랑스 사람들이 이 주제에 대해 생각하고 자유롭게 토론하는 문화가 있다고 한다. 공통된 제시어를 바탕으로 각자의 다양한 생각을 모아 자유롭게 토론하면서 자기 생각을 정립하고, 때로는 미처 생각하지 못했던 다른 관점을 발견하고 사고의 폭을 확장한다.

'꿈 전공별 역량 콘서트'는 한민고 학생들에게도 자유롭게 토론하는 문화를 갖게 하고 싶은 마음에서 시작됐다. 매달 첫 주에 월별 주제가 개시되면 학생들은 한 달 동안 삼삼오오 모여 그 주제에 대해 자유롭게 생각해 보고 의견을 나눈다. 그리고 주제를 바탕으로 인문, 사회, 교육, 자연, 공학, 의학 등 자신의 관심 분야와 연결하여 한 편의 에세이를 작성해 제출한다. 올해 월별로 제시된 주제어는 다음 도표와 같다. 각기 관련 있다고 생각하는 교과 활동과 연결해 심화시킬 수도 있고, 관심 분야를 녹여 내기도 해서 같은 주제라 해도 학생별로 다루는 내용과 글의 전개 방식은 천차만별이다. 이렇게 모인 글 중에 우수작을 선정하여 시상도 한다.

시대가 변해도 독서 능력과 글쓰기 능력은 여전히 중요하다. 심지어 수능도 논술형으로 전환하려는 시도가 계속되고 있고, 최근에는 그 논의가 제법 본격적이고 활발하게 이루어지는 추세다. 교육청에서 학교 시험에 요구하는 평가도 단순한 '서술형' 평가를 넘어서 '논술형' 평가로 바뀌고 있다. 서술형 평가와 논술형 평가는 서술하는 문장의 양적인 면에서도 차이가 있겠지만, 질적 측면에서도 차이가 난다. 그래서 한민고의 여러 교과 수업 시간에는 이러한 문장 쓰기, 글 쓰는 능력, 글을 쓰기 위한 기초 사고 능력을 키우기 위해 노력하고 있다. 교과별 평가에 수행평가의 확대, 지필평가 시 논술형 평가 확대 등

월	3월	4월	5월	6월	7월	8월	9월	10월
주제어	콩	사과	김	커피	수소	여행	소리	문학

2023년 월별 주제어

의 방법 등을 모색하고 학년별로 난도를 높이되, 논술형 평가의 본질을 살려 열린 답안을 작성할 수 있는 문항을 배치하기도 한다.

중요한 건 글쓰기 능력은 짧은 시간 동안 벼락치기로 얻을 수 있는 게 아니라는 점이다. 교과 지식이 바탕되어야 하는 것은 물론이고 충분한 사고력을 길러야만 단순 암기식 정답을 내놓는 것이 아니라 통합적으로 생각하여 자기 생각을 논리적으로 전개할 수 있다. 이와 같은 사고력 함양과 글쓰기 능력 신장에 큰 도움을 줄 수 있는 또 다른 중요한 활동이 바로 '과제연구' 수업이다. 개별적으로 주제를 설정하여 탐구하는 활동을 3년 동안 진행하는데, 이를 통해 진로 적합성을 찾아가거나 학술제에 발표할 주제의 실마리로 삼기도 한다. 사실상 학교에서 이뤄지는 다양한 활동은 자기만의 관심사에 따른 주제 설정, 탐구 활동, 진로 탐색 등을 위한 것으로, 결국은 이 과정이 모두 유기적으로 연결되어 있다.

과제연구 수업은 인문 계열과 자연 계열로 나누어서 진행된다. 한민고 2학년 학생들은 학기당 두 시간씩, 1년 동안 계열별 과제 연구 수업을 듣는다. 인문 사회 과제연구 수업의 진행 과정으로 예를 들면, 1학기에 교과에서 익힌 개념과 원리를 사회 현상과 문제에 적용 및 분석하며 선행 연구 학습 보고서와 연구 계획서를 작성한다. 그리고 2학기에는 이때 생긴 지적 호기심을 해결하기 위해 연구 방법을 찾아 탐구 활동을 진행하는 동안 탐구 보고서를 비롯한 소논문을 작성한다. 이를 바탕으로 발표 포스터까지 제작하면 과제연구 활동이 마무리된다.

여기에서는 교과 지식만 활용하는 것이 아니다. 이를 바탕으로 탐구하여 지식 체계를 확장하는 경험 자체가 중요하기 때문에 아이들은 교과서에서 눈을 떼고 세상을 들여다볼 줄도 알아야 한다. 예를 들면 드라마 〈SKY 캐슬〉을 시청한 후 현재 한국 사회가 직면한 교육 불평등의 이면에 자리 잡은 구조적 모순을 부르디외*의 문화 자본과 아비투스, 상징적 폭력의 개념을 활용해 분석한 사례도 있었다.

우리가 일상생활에서 쉽게 지나칠 수 있는 현상과 문제에 민감하게 반응하고 '왜'라는 질문을 던져야 하기에 이 활동에는 사회학적 감수성과 성찰적 태도가 요구된다. 연구 과정을 끊임없이 되짚어 보는 성찰적 태도는 물론, 한정된 자원(시간, 공간, 정보 접근성 등)으로 연구를 진행해야 하므로 합리적 의사결정 능력도 필요하다. 나아가 관심 있는 연구 주제를 다양한 학문적 관점으로 바라봄으로써 개별 교과 학습 과정에서 체득될 수 없는 융합적 사고의 과정을 경험하게 된다. 또한 한민고는 DBpia**와 계약하여 학생들이 자유롭게 학술 논문을 접할 수 있게 하고 있다. 선행 연구물들을 검토하는 과정에서 확장

---

* 피에르 부르디외(Pierre Bourdieu), 프랑스 사회학자. '보이는 것(물질 생산, 지배와 저항 등)'과 '보이지 않는 것(문화 혹은 상징 등)'의 관계를 연구함.
** 디비피아, 국내 학술지와 학위논문을 검색할 수 있는 학술정보 포털.

된 지식 체계를 기존 연구 결과를 종합하여 자신만의 독창적인 결과물을 만들어 낸다는 점에서도 과제연구 활동은 능동적이고 생산적인 학습 과정이다.

탐구할 줄 아는 아이들이 융합적 인재가 된다

한민고의 로비와 복도에는 학생들이 제작한 포스터가 죽 늘어서 있다. 여기에는 어른들이 봐도 깜짝 놀랄 만큼 전문적이고 흥미로운 주제에 대한 학생들 나름의 연구 과정과 결론들이 적혀 있다. 무려 1년 동안 준비한 학생들의 노력과 열정이 담긴 탐구의 결과물이다. 주도적으로 학습하고 탐구할 줄 아는 아이들의 역량을 그야말로 화려하게 펼칠 수 있는 무대, 한민고의 대표 프로그램 중 하나가 바로 학술제다. 그리고 로비와 복도를 채운 포스터들은 바로 이 학술제에서 발표된 내용을 담은 것이다.

학술제는 한 가지 주제를 깊게 탐구하는 학술 부문, 생활 속 문제를 학습한 내용과 융합하여 해결책을 제시하고 실천하는 부문으로 구성되어 있다. 3월부터 11월까지 이어지는 학교의 장기 대형 프로젝트로, 대략 5월까지 학생들이 직접 주제를 탐색하고 지도 교사와 면담을 통해 자신의 연구 주제를 구체적으로 결정한다.

연구 주제를 정하는 방식은 다양하지만, 교과의 수행평가 과정에서 아이디어를 떠올리는 경우가 많다. 수행평가는 정규 교과 수업 중에 진행되는 평가로, 지면에 있는 문제를 푸는 지필고사 형식과 달리 수업 시간 중에 활동형 혹은 논술형으로 평가가 진행된다. 한민고에서는 교과별로 탐구하고 싶은 개별 주제를 바탕으로 수행평가를 진행한다. 예전에는 교과별로 동일 주제에 대해 다르게 해석하는 등의 융합 수업을 진행하기도 했는데, 지금은 수행평가의 주제 선정 과정에서 자연스럽게 융합적 사고 활동이 이어진다.

예를 들면 국어 시간에 자신이 관심 있는 분야의 책을 읽고 이를 바탕으로 그 분야 전문가를 인터뷰하거나 가상의 신문 기사를 써 본다. 이를 바탕으로 자기 생각을 정리하여 한 편의 소논문을 작성해 수행평가로 제출하는 것이다. 이 과정 중에 진로에 대한 심층적인 고민을 하기도 하고, 학술제 연구 주제로 심화 탐구할 만한 아이디어를 얻기도 한다. 학술제 이전에 기본적으로 아이디어를 찾고 탐구하는 활동이 꾸준히 뒷받침되고 있는 셈이다.

6월부터는 보고서 초안을 작성하고 지도 교사에게 여러 차례 피드백을 받으며 연구 내용을 보고서로 정리한다. 그리고 학술제 당일에는 이 결과를 최종적으로 발표하는데, 발표력과 논리력을 기를 수 있는 경험일 뿐 아니라 다른 학생들이 연구한 내용을 살펴보고 질의응답해 보는 과정에서 비판적 사고력을 함양할 수 있다.

학술제가 끝나면 심사위원들이 논문 점수에 발표 점수를 합산하여 최종 순위 및 우수작을 결정한다. 우수작으로 선정된 탐구 주제 사례에는 '식물 뿌리 구조를 활용하여 미세 플라스틱 흡수 망 만들기', '흡음재 성능 비교를 통한 한민고 교실 간·벽간 소음 문제 해결', '고등학교 내 음식물 쓰레기 줄이기 프로젝트 – 한민고등학교를 중심으로', '땅에 떨어진 음식을 3초 안에 먹어도 된다는 가설은 사실일까', '막힌 머리카락을 녹이는 배수구 장치 고안', '탄소중립을 실현할 수 있는 학교 건축 소재' 등이 있었다. 교과에서 배우는 지식과 생활 속에서 접하는 호기심과 아이디어, 창의성과 탐구 정신을 바탕으로 한 융합적 사고력이 빛나는 결과물들이다. 최근에는 언제 어디서든 학생들이 연구한 내용을 실감 나게 구현하고 전시할 수 있도록 메타버스 사이트 스페이셜(Spatial)*에서 온라인 학술제를 함께 진행하는 등 색다른 시도를 하기도 했다.

이런 활동에 익숙한 덕분인지 아이들은 일상생활을 하다가 불현듯 떠오르는 아이디어도 쉽게 놓치지 않는다. 기숙사 화장실 청소를 할 때 치약을 발라 놓으면 깨끗하게 닦인다는 사실을 발견하고는, 그 원리가 궁금하다며 치약 성분과 세정 효과의 관련성을 탐구한다. 학교생활을 하는 곳곳 어디에서든지 궁금증이 생기고, 그 궁금증을 해결하고 탐구하는 과정이 학술제로 이어지는 것이다. 이러한 경험은 단순히 고등학생 시절의 추억으로 남는 것이 아니라 성인이 되어 사회에 나갔을 때 더

---

*   3차원 가상 세계인 메타버스에서 전시를 진행할 수 있는 플랫폼.

욱 본격적으로 빛을 발할 것이다.

한번은 포스텍에 진학한 졸업생과 이야기를 나누면서 물어본 적이 있다. 거기에서는 영재고나 특목고 출신으로, 고등학교를 2년 만에 조기 졸업한 영재들이 모여서 생활할 텐데 한민고 학생들이 그 틈에서 잘 살아남느냐고 말이다. 그러자 "잘 살아남는 정도가 아니라 더 특출나게 잘 지낸다."라는 대답이 돌아왔다. 단체 생활 면에서 훌륭하게 적응하는 건 물론이고, 무엇이든 나서서 적극적으로 임하고 타인을 도우려고 노력한다. 원만한 인간관계를 이루고 끊임없이 탐구하려는 자세가 돋보이는 것도 한민고 졸업생들이라 말해 무척 자랑스러웠다.

한민고에서는 궁극적으로 이 시대에 필요한 창의적 역량을 지닌 인재를 양성한다는 목표를 실천하고 있다. 이는 암기 위주의 획일화된 교육 방식으로 달성하기에는 요원한 과제다. 아이들의 수행평가, 과제연구 수업, 방과 후 수업, 학술 동아리 활동, 개인적인 탐구 활동 등 다양한 문제 해결 중심의 활동을 경험하는 과정에서 자연스럽게 자기주도적 학습 능력과 사고력, 문제 해결력이 길러진다. 이러한 역량을 총동원해야 하는 학술제가 물론 어려운 과제일 수도 있지만, 막상 그 과정을 지켜보면 눈을 반짝이며 탐구심을 불태우는 아이들의 모습에서 밝은 미래에 대한 기대감이 절로 싹트곤 한다.

진정으로 배움을 이끄는 공교육의 역할

애플의 스티브 잡스는 과거 신제품을 공개하면서 "애플의 DNA에서는 기술만으로는 충분하지 않으며, 기술에 인문학을 융합해야 한다."고 강조했다. 기술과 인문학의 융합이 앞으로 독자적으로 나아갈 새로운 시장이라고 바라본 것이다. 이러한 관점은 애플이 훌륭한 하드웨어를 만드는 회사가 아니라 소프트웨어와의 융합으로 새로운 영역을 개척하는 '게임 체인저'가 될 수 있게 했다. 앞으로의 미래 인재는 기존에 있는 것을 답습하고 안주하는 것이 아니라 당장은 조금 엉뚱하고 실현 불가능한 아이디어처럼 보이더라도 창의적으로 생각할 수 있는 능력을 키워야 한다.

지금 우리의 교육은 이러한 창의적인 인재를 키워 낼 수 있는 방향성을 갖추고 나아가고 있을까. 사회적으로 공교육 시스템에 대한 신뢰도 하락이 꾸준히 문제로 제기되는 추세다. 사교육 중심으로 흘러가는 교육 시장의 흐름을 바꾸고자 정부에서는 수능이나 내신, 대학별 고사 등의 출제 범위를 공교육의 범위로 한정하겠다고 밝혔으나 아직은 또렷한 전망이 보이지 않고 있는 듯하다. 학교는 청소년들이 미래를 준비하는 곳이고, 수능을 비롯한 대학 입시의 궁극적인 목적은 학생들의 미래 지향적인 역량을 측정하는 것이다. 그러나 학생들의 역량을 키우는 데 집중해야 하는 교육이 현재로서는 입시 중심으로 주객전도가 된 듯한 모습이다.

특히 사회적으로 사교육에 대한 의존성이 높다 보니 학원에서 촘촘하게 짜 주는 커리큘럼대로 따라가기만 하면 점수를 높일 수 있다고 생각하는 경우가 생긴다. 시키는 대로만 하면 된다는 사교육 시스템에 올라타면 학생들은 한편으로 안심이 되기도 할 것이다. 하지만 이런 식의 교육을 통해서는 스스로의 배움을 점검하거나 직접 학습 계획을 짜는 능력은 길러지지 않는다.

교육 현장에서 자기주도적인 능력이 중요하다는 말은 수없이 언급된다. 자기주도학습은 학생늘 스스로 배움의 주체가 되어 학습 과정을 주도해 나가는 것을 말한다. 중요하다는 것은 모두 알고 있지만 시험 성적에만 급급하다 보니 학생들이 주도적인 학습 능력을 기르거나 애초에 이를 시도해 볼 기회가 많지 않다는 것이 문제다. 자신의 삶을 설계해 갈 수 있는 미래 인재를 키우기 위해서는 성적에 급급하기보다 아이들의 역량을 끌어내야 한다. 이를 위해서는 공교육이 바로 서고 교육의 방향을 제대로 제시해야 한다. 학생들이 지식을 쌓고, 이를 활용할 수 있도록 훈련을 거쳐 실제로 자신의 꿈과 적성을 향한 학습의 방향성을 주도적으로 이끌어 갈 수 있도록 해야 한다. 이는 비단 고등학교 생활에서만 도움이 되는 것이 아니라 앞으로 인생을 살아가는 태도에 관한 문제이기도 하다.

자기주도학습 능력을 처음부터 가지고 있는 것은 아니다. 이는 자기주도학습을 어떻게 할 수 있으며, 어떻게 진행해야 하는지를 알려 주는 길잡이가 되는 교사들의 심화 상담이 있기에 가능할 것이다. 그래서 교사와 학생들 간에 건강한 관계 형성과 소통이 이루어지는 것이 매우 중요하다. 학년 초부터 학년부서, 진로·진학부서, 상담부서 담당 선생님 등의 특강을 통해 거시적으로 배우고, 담임교사와 진로 담당 교사와의 개별 상담을 통해서 자기주도 학습법을 배우게 된다. 또한 종일 같이 공부하고, 같이 생활하는 동료 친구들이 서로 방법을 나누면서 또 바라보면서 자기주도적 학업 역량을 키워 가는 것이다. 이처럼 학교는 학생들이 미래를 준비해야 하는 장소로서 학생과 교사 간에 신뢰와 애정도 바탕이 되어야 한다.

학교에서 학생들은 본인의 흥미에 따른 과목을 학습할 수 있어야 하고, 교사들은 학생의 올바른 인성과 학업 역량을 신장시키기 위해 교육을 할 권리가 보장되어야 한다. 만약 어느 한쪽이 강하게 주장하여 작동하면 정상적인 교육 활동을 보장할 수 없게 된다. 결국 교사와 학생의 권리는 상호 보완적인 관계로 바라보며 발전하는 것이다.

한민고에서는 제주도, 부산, 강원도 등 전국에서 모인 학생들은 한 달에 한 번, 또는 두 달에 한 번만 귀가한다. 주말에도 학교 안에서 생활하며 동아리 활동, 체육대회, 방과 후 학습, 외부 대회 등 교사가 인솔하는 체험활동과 봉사활동 등의 다양한 활동을 진행한다. 또한 선생님들의 지도하에 밤까지 진행되는 과학 실험 활동으로 실험실의 불이 꺼지지 않는다. 학생이 주체가 되어 계획하는 활동들은 선생님들의 적극적인 지원을 통해 실현된다. 한민고등학교의 교사는 학생들의 학습지도

뿐 아니라, 부모이자 관리자, 상담자 역할을 한다.

학부모 역시 이러한 교육 시스템의 원활한 운영을 위해 적극적인 지원을 아끼지 않는다. 기숙사 관리위원, 도서관 관리위원, 학부모회 등을 통한 소통으로 원활한 학교 활동 운영이 이루어지는 데에 일조한다. 또한 연간 10회 이상 진행되는 학부모 교육을 통해 학교의 교육 철학과 이를 실현하기 위한 교육과정 등에 대한 안내가 이루어진다. 이러한 상호 협력 속에 학부모들은 학생들의 수업과 방과 후 활동에 적극적인 지지와 응원을 보낸다.

공교육 중심의 교육 체계를 탄탄히 하기 위해서는 다양한 교육적 요구를 충족하는 동시에 학교가 진정으로 배우고 행복해지기 위한 공간이 되어야 한다. 공교육의 목적은 비단 지식 전달에만 있지 않다. 학생들은 지식을 탐구하는 방법, 자신의 주장을 일목요연하게 정리하여 남을 설득시키는 방법, 단체 생활 속에서 친구들과 어울리고 사회성을 기르는 방법, 아이디어를 내고 이를 실현시키는 방법도 학교생활을 통해 배운다. 앞으로 4차 산업혁명 시대를 살아가기 위한 균형 잡힌 역량을 기르기 위해 공교육은 교양과 인성을 바탕으로 한 튼튼한 근간을 마련해 주어야 할 것이다. 이러한 공교육의 모범이 되고자 하는 신념 아래 한민고는 학생, 선생님, 학부모가 한마음으로 피땀 어린 노력을 이어 가고 있다.

격물치지(格物致知)의 즐거움, 한민 학술제

5기 장세림(포항공과대학교 산업경영공학과 재학)

나는 한민고에서 3년을 보낸 후 포항공과대학교에 진학하였다. 고급물리와 고급수학 수강, 기숙사 생활과 친구들과의 팀 활동, 보고서 작성 및 탐구 등 한민고등학교를 다니며 했던 경험이 대학교 진학은 물론 일상에도 큰 도움이 되었다. 그중에서도 한민 학술제에 참여하여 연구를 진행한 경험이 매우 소중하다. 그 경험에 대해 몇 자 적어 보고자 한다.

소논문 및 보고서 구성의 마지막 단계는 '결론 및 제언'이다. 이 단계를 통해 연구자는 앞서 전개한 내용을 요약하고 최종 결론을 언급한 후, 본 연구의 부족한 점이나 해당 연구가 앞으로 나아가야 할 방향을 제시한다. 연구자가 마지막으로 강조하고 싶은 핵심 내용을 포함하며 연구의 비전을 제시한다는 점에서 결론 및 제언 단계는 큰 의미를 지닌다. 나는 '한민고에서의 생활 3년'을 소논문으로 작성한다면 결론 및 제언에 반드시 한민 학술제에 대해 적을 것이다. 한민고등학교의 정체성을 가장 잘 드러낼 수 있는 활동이라고 생각하기 때문이다.

한민고등학교 진학을 희망하는 분들이 대면 입학설명회를 방문할 경우, 1층 로비에서 이들을 가장 먼저 반겨 주는 아크릴 패널들이 학생들의 열정을 대변한다. 줄지어 늘어선 아크릴 패널들은 각기 다른, 새롭고 흥미로운 주제들을 다루지만 학생들의 시간과 노력이 담긴 결과물이라는 점에서 공통점을 가진다. 하나의 연구를 완성하기 위해 보낸 많은 학생의 시간 중 나의 2년을 소개하고자 한다.

한민 학술제는 1년 단위로 개최되는 학교의 핵심 행사로, 자연과학과 인문 사회 분야 중 하나를 선택해 지원하게 된다. 최대 5명으로 구성된 팀이나 개인이 직접 탐구를 진행하여 소논문을 작성하고 최종 발표 및 질의응답을 하는 형식으로 진행된다. 1년 가까이 긴 시간을 쏟아 준비하여 결과를 발표하는 대회로서 매년 열리고 있다. 학교에서 중점에 두고 운영하는 장기 프로젝트이기 때문에, 직접 참여한 경험 여부와 관계없이 모든 재학생과 졸업생에게 친숙한 활동일 것이다.

고등학교에 막 입학한 후 물리학에 관심이 생겼다. 물체의 운동을 예측하고 측정할 수 있다는 사실이 매우 흥미롭게 다가왔기 때문이다. 물리학에 재능이 있거나 뛰어나게 잘하는 것도 아니었다. 오히려 그 반대에 가까웠던 학생이었다. 그저 막연하게 '물리가 재미있어 보여! 나 열심히 할 수 있어!'라는 생각으로 물리 영재반에 지원했다. 우리 학교는 물리학, 화학, 생명과학, 수학에 해당하는 총 4개 분야의 영재반이 방과 후 활동으로 각각 운영되었다. 활동은 4층에 있는 물리 실험실에서 진행되었다. 학교에는 물리학, 화학, 생명과학, 지구과학에 해당하는 과학탐구영역의 분야별로 실험실이 있다. 4층은 3학년이 생활하는 층이기 때문에 1학년이었던 당시 떨리는 마음을 안고 계단을 올랐던 기억이 있다. 물리 실험실은 특히 1, 2학년 때 많은 시간을 보낸 곳 중 한 곳으로, 한민고등학교를 다니며 진행한 뜻깊은 탐구들이 모두 이곳에서 시작되었다.

탐구의 시작은 끝없는 고민이었다. 주제 선정을 위해 아이디어 노트를 빼곡히 채우며 무엇을 어떻게 연구할지에 대해 생각했다. 주제를 정하는 것은 너무 어렵고 많은 에너지를 요구했는데, 몇 주에 걸쳐 주제를 고민하고, 선택하고, 번복하기를 반복했다. 매우 지루한 과정이었으나 그 과정을 이루는 작고 소중한 추억들 덕분에 웃음이 먼저 나온다. 아이디어를 떠올리려면 당이 필요하다며 함께 영재반 활동을 하는 친구들과 간식 시간에 매점으로 달려가 아이스크림을 먹기도 했고, 생명과학 실험실이나 화학 실험실에 찾아가 다른 친구들은 어떻게 하고 있는지 관찰하기도 하였다. 오랜 시간 동안 주제 선정에 난항을 겪는 나에게 지도 선생님께서는 중요한 조언을 해주셨다. 대단해 보이거나 어려운 주제를 고르기 위해 노력하는 것이 아닌 주변에 있는 것 중에서 궁금증을 불러일으키는 사소한 것, 혹은 좋아하는 것에서 시작하라는 말씀이었다. '좋아하는 것을 탐구하라'는 선생님의 조언에 떠오른 단어는 '레고' 였다. 이에 'LEGO Technic Link Tread Wide를 활용한 장애물 통과 무한궤도 구조 고안'이라는 탐구를 진행하였는데, 좋아하는 것을 하니 잘할 수 있다는 자신감이 생겼으며 즐겁게 연구할 수 있었다.

연구 과정에서 평균 속력 측정 실험과 장애물 통과 실험을 하다 자료 분석을 잘못하여 처음부터 다시 실험을 진행해야 했던 때가 생각난다. 실험 자료를 뽑기 위해 조기 등교를 하여 학교 복도에 장애물을 설치한 후 레그닉 차량을 조종했다. 조기 등교란, 아침 6시 기상 후 바로 등교하여 공부나 각자 활동을 하는 것을 이르는 말이다. 막막함 속에서도 더 정확한 결과를 위해 노력하고, 무한궤도의 진행을 위해 일정 크기의 마찰력이 필요하다는 결론을 얻으며 느꼈던 희열을 잊을 수 없다.

탐구에 대한 열정은 2학년 때에도 이어졌다. 특히, 2학년 때 한민 학술제에서 발표했던 소논문은 개인적으로 한민고등학교 재학 기간에 완성한 탐구 중 가장 마음에 들고 자랑스러운 탐구이다. 특히 독단적으로 진행한 것이 아닌 여러 사람의 도움과 지지, 그리고 친구와의 협력을 통해 완성된 연구이기에 더욱 의미가 깊다. '휠체어 주행 능력 향상을 위한 음각 점자블록 고안'에 대한 탐구였는데, 친구와 함께 공동으로 연구를 진행하였다.

　시각 장애인을 위해 설치된 점자블록이 비장애인 및 기타 장애인의 주행에 방해 요소로 작용할 수 있음을 깨닫고, 음각 형태의 새로운 점자블록을 고안하여 그 실용성을 파악하고자 하였다. 기존 점자블록 돌출부의 폭과 간격을 통제 변인으로 설정하고, 돌출부의 개수를 조작 변인으로 설정하여 연구를 진행하던 중, 휠체어의 앞바퀴가 돌출부를 지날 때마다 나타나는 일정한 형태의 그래프 해석에 어려움을 느꼈다. 특히 돌출부를 넘을 때 드는 힘의 크기와 바퀴가 돌출부보다 아래로 내려간 정도의 관계를 분석하는 것이 필요했는데, 그때 물리 선생님의 도움을 받아 돌림힘 개념을 활용하여 이를 해석할 수 있었다.

　선생님께서는 물리 실험실에 비치된 일반물리학 교재를 빌려주시며 해당 부분의 내용을 직접 읽어 보고 생각해 볼 것을 권유하셨다. 또한 선생님과 함께 구조도를 그리며 돌림힘이 어떻게 적용되는지 배웠던 기억이 난다. 실제로 학술제 연구 기간에는 많은 학생이 교무실을 찾아 선생님들께 탐구 주제와 관련된 질문을 하고 조언을 구하는 모습을 볼 수 있다.

　한민 학술제 본선에 진출하면 연구 주제별로 관련 교과목 지도 교사가 배정되는데, 선생님들께서 연구 주제 및 계획서를 보신 후 직접 지도 학생을 선정하시기 때문에 관련 주제에 대해 더 활발히 토론할 기회가 주어진다. 물론 담당 선생님이 아니어도 궁금한 부분에 대해서 다른 선생님들께 얼마든지 자유롭게 조언을 구할 수 있다. 당시 실험이나 보고서 작성이 늦게까지 진행되어 기숙사에 돌아가지 못하고 학교 본관에 남아 있기도 하였다. 늦은 시각에도 학교 본관의 불이 꺼지지 않는 것은 한민고등학교 선생님들과 학생들의 열정을 보여 준다고 생각한다. 이 기회를 통해 학생들의 궁금증 해결을 위해 열심히 지도하고 헌신해 주신 선생님들께 다시 한번 진심으로 감사하다는 말씀을 전하고 싶다.

열정적인 탐구의 결과물은 학술제 발표 당일에 확인할 수 있다. 최종 발표 날에는 1교시부터 4교시 동안 발표 및 참관이 이루어지며, 학술제에 직접 참어하지 않는 학생들은 본선 진출 연구 중 흥미로운 연구 주제를 골라 참관할 수 있다. 한민 학술제가 특별한 이유가 이 운영 방식에 있다고 생각하는데, 학술제 주제 발표 여부와 관계없이 다른 사람의 탐구를 보고 질의응답을 하며 다양한 의견을 교환할 수 있고 새로운 연구의 동기로 작용할 수 있기 때문이다. 인문사회 분야의 경우 경제·경영, 언어, 언론 미디어, 사회·심리, 역사, 윤리·철학, 정치·외교, 교육 등과 같은 다양한 연구 분야의 탐구가 진행된다. 자연과학 분야의 경우 물리, 화학, 생명과학, 지구과학, 수학, 정보에 이르는 여러 분야의 탐구를 확인할 수 있다. 재미있는 주제들은 빠르게 신청이 마감되기도 해, 친구들과 책자를 펼쳐 관심 분야의 주제들을 체크하고 일정을 세우기도 했다.

추억을 되살리며 당시 받았던 책자를 다시 살펴보았다. 지금 보아도 '고등학생 수준에서 어떻게 이런 아이디어들을 냈을까?'라는 생각에 감탄을 금치 못하였다. 모두 참관하지 못했다는 것에 아쉬움을 느낀다. 문·이과 상관없이 그저 관심 있는 분야에 흥미롭게 참여할 수 있다는 점이 크게 매혹적이었다.

학술제 최종 발표 당일에는 배정된 장소에서 정해진 교시에 두 번 발표를 한다. 긴장되는 마음에 마지막까지 발표 자료를 점검하고 내용을 확인했는데, 막상 발표를 시작하니 떨리던 느낌이 사라지고 신나게 발표했던 기억이 있다. 내가 좋아하고 잘하는 것으로 연구를 진행했기 때문에 충분히 즐길 수 있었던 경험이었다. 또한 질의응답 시간 동안 나온 질문들은 연구의 부족한 점이나 새로운 연구 방향을 제시해 주어, 3학년 때 해당 내용을 바탕으로 추가 연구를 진행하기도 하였다.

포스텍에 진학한 후 나는 학술제를 포함해 한민고에서의 여러 탐구 및 소논문 작성 경험이 매우 귀중함을 다시 한번 느낄 수 있었다. 특히 'UGRP(Undergraduate Group Research Program)'이라는 학부생 공동 연구프로그램에 참여할 때 큰 도움이 되었다. 이 프로그램은 학교의 지원을 받아 학생들끼리 자유롭게 팀을 이루어 연구를 진행하는 활동인데 특히 연구를 참여하고 보고서를 작성할 때 고등학교에서의 경험이 큰 도움이 되었다. 소논문 작성 경험이 없었다면 겪었을 시행착오가 줄어들었고, 선행연구 자료를 검색하거나 활용하는 방식도 한민고에서 이미 많이 했던 것이었기에 수월하였다. 한민고 학생들은 DBpia에서 연구 관련 논문을 찾아본 경험이 숱하다.

　또한 포스텍에서 주최한 대회인 '포항 강소연구개발특구*
이노폴리스 캠퍼스 사업' 출전을 위해 연구를 진행하고 주행
관련 데이터를 분석할 때 역시 지난 경험은 큰 힘이 되었다.
출력되는 데이터에 영향을 미치는 값을 알아내고, 변인 통제를
적용하는 활동 역시 한민고등학교에서 했던 경험이다.

　마지막으로 한민 학술제가 나에게 미친 가장 큰 영향은 좋
아하는 것에 열정적으로 몰두하고 탐구하는 경험이 매우 소중
하다는 것을 깨닫게 해 준 것이다. 한민고의 학술제 준비 기간
풍경이 아직도 눈에 선하다. 면학실 책상 위에 정보 수집을 위
해 준비한 설문 조사지가 잔뜩 쌓여 있는가 하면, 늦은 시간까
지 과학 실험실에서 실험에 몰두하고 있는 모습들이 그려진다.
또한 교무실 앞에서 선생님들께 소논문 구성이나 내용에 대해
검토 받고 조언을 구하는 친구들의 모습 역시 그려진다. 자신
이 가진 역량과 열정을 전부 쏟을 수 있는 기회가 되는 활동이
라고 생각한다. 한민 학술제에서 얻은 값진 경험을 바탕으로
나는 학문을 탐구하는 즐거움, 격물치지를 깨닫게 되었다. 한
민고 재학생 및 재학을 희망하는 학생들 모두 한민 학술제의
매력에 빠져 탐구의 즐거움을 느끼기를 바라는 바이다.

---

*　지역별 주요 거점 기술 핵심 기관을 중심으로 R&D(연구개발) 특구를 지정해 육성하는
　제도.이다. 연구·주거·산업·문화를 집적한 자족형 공간으로, 대학이나 연구소, 공기업
　등 지역 주요 거점 기술 핵심 기관을 중심으로 소규모로 고밀도 집약 공간을 지정하여 육
　성하는 제도이다.

예비 법조인 후배에게 보내는 편지

1기 김려원(서울대학교 경영학과 졸업, 서울대학교 법학전문대학원 졸업)

　고등학교를 졸업하고 어른이 된 지도 꽤 오랜 시간이 흘렀습니다. 매일 바쁜 일정을 소화하며 살아가다 보니, 당장 어제 누구를 만나 무슨 대화를 나누었는지도 기억이 잘 나지 않는 요즘입니다. 아무래도 중요하지 않은 기억은 자연스럽게 소거되기 때문인 듯합니다. 그런데 한민고에서 보낸 3년의 추억이 아직도 생생하게 남아 있다는 것은, 당시의 시간이 그만큼 저에게 소중함을 알려 주는 반증이 아닐까 싶습니다. 16살의 저는 하고 싶은 것도 많고 욕심도 많은 학생이었습니다. 새로운 것을 쥐고 싶다면 원래 갖고 있던 것을 놓아야 하는데, 어떻게 해서든 양자를 모두 잡으려 하는 사람이었습니다. 그런 제가 한민고등학교를 만난 것은, 돌이켜 보니 제 인생에서 제일 큰 행운이었다고 생각합니다.

　저는 한민고에서 '포기하지 않는 끈기'를 배웠습니다. 가령 고3이 되어 수험생이라는 제약이 주어졌음에도 동아리를 신설하려 했을 때, 선생님들께서는 조언은 해 주시되 제가 스스로 도전하고 부딪힐 수 있도록 제 선택을 존중해 주셨습니다. 담임 선생님께서는 면학실 자리에 강제로 앉히기보다는 시간을 효율적으로 쓰는 방법에 대해 말씀해 주시기도 했고, 교과 선생님께서는 도울 수 있는 부분이 있다면 언제든지 말하라고 선뜻 먼저 저에게 손을 내밀어 주시기도 하셨습니다. 그렇게 저는 어려움이 닥쳤을 때 쉽사리 포기하기보다는 고충을 발판 삼아 새롭게 목표를 달성하는 법을 점차 배워 나갔습니다.

한민고등학교에서 배운 또 다른 한 가지는 '저 자신에 대한 확신'입니다. 이 글을 읽고 있을 후배 여러분 중 일부는 스스로에 대한 믿음이 아직 부족할 수 있다고 생각합니다. 저 역시 입학할 때까지만 해도 주어진 일을 완수하는 것에는 익숙했지만, 주체적으로 의견을 제시하고 특별한 일을 해낼 만한 능력은 부족한, 무난한 학생이라고 저 자신에 대한 한계를 먼저 설정하곤 했습니다. 하지만 한민고등학교에서는 뜬구름처럼 실체가 없던 저의 희망 사항이 점차 가시화되는 과정을 체험하며 큰 보람을 느낄 수 있었고, 제가 투자한 모든 시간은 절대로 헛되지 않다는 것을 깨달았습니다. 예를 들어 6·25 참전용사 자서전 사업에 참여했을 때, 참전용사께 어떤 질문을 드릴지, 완료된 인터뷰 내용을 어떻게 재구성할지, 최종적으로는 글을 어떻게 교정할지 등을 직접 고민했던 경험이 있습니다. 그 단계 단계마다 상당한 고통이 있었던 시간으로 기억되는데, 우리가 살아가는 모든 순간을 기억하는 게 아니듯이 참전용사 분의 기억에도 공백이 있을 수밖에 없었기 때문입니다. 그 기

억의 파편을 재구성하고 빈 부분을 채워나가는 것이 쉬운 일
은 아니었습니다. 또한 다른 이의 삶을 자의적으로 써 내려가
는 것은 옳지 않다는 판단하에, 편집을 거쳐 달성할 수 있는
이야기의 완결성과 있는 그대로를 담아야 한다는 자서전의 본
질 사이에서 계속해서 갈등했습니다.

　제가 생각했던 것보다 훨씬 큰 능력이 필요한 작업이었고
때때로 포기하고 싶은 순간도 찾아왔습니다. 하지만 그때마다
서로에게 힘을 북돋운 친구들, 적절한 순간에 해결의 열쇠를
찾을 수 있도록 도와주신 선생님들이 있어서 비로소 책을 완
성할 수 있었습니다. 원고가 완성된 후에 진심으로 감사하다고
해 주시는 참전용사분의 말씀을 들으면서, 늘 평범하다고 생
각했던 내가 누군가에게는 큰 울림을 줄 수 있는 사람이 될 수
있다는 사실을 깨달았습니다. 그때부터 저는 자신에 대한 확신
이 생겼고, 제 선택에 대한 믿음을 가질 수 있었습니다.

　지금껏 제가 한민고를 다니면서 가장 강렬하게 남은 기억
중심으로 이야기해 보았습니다. 어쩌면 아직도 여러분은 제가
'특별한' 사람이라고 생각할 수도 있겠습니다. 하지만 평범한
순간순간 속에서 자신에 대한 확신을 가질 만한 때가 있을 것
입니다. 후배 여러분도 주저하지 말고 다양한 기회에 도전하면
서 본인이 생각보다 더 대단한 사람임을, 앞으로 많은 일을 해
낼 수 있음을 꼭 체감하셨으면 좋겠습니다. 이러한 과정을 통
해 쌓은 자신감은 자연스럽게 학업에 몰두할 수 있는 원동력
이 되었습니다. 입학 초기의 저는 공부에 재능이 없는 것까지

는 아니었지만 그렇다고 해서 처음부터 두각을 드러낸 것은 아니었던 것으로 떠오릅니다.

입학 직후 치러진 첫 사설 모의고사에서 처음 받아보는 70점대의 점수에 좌절했던 경험이 있습니다. 그랬던 제가 본격적으로 공부를 하기 시작한 것은 2학년 여름방학 때부터였습니다. '나중에 내가 정말로 하고 싶은 일을 찾았을 때, 그에 임할 수 있는 환경이 뒷받침되지 않으면 어떻게 하지?'라는 고민이 전환의 기점을 마련해 주었습니다. 당시 저는 법조인이 되고 싶다는 막연한 꿈을 가지고 있었는데, 장래 희망이 단순한 희망에 머물지 않고 현실로 이루어지기 위해서는 공부를 해야겠다고 판단했습니다. 설령 어느 날 갑자기 다른 일을 하고 싶게 되더라도, 그때의 제가 준비되지 않은 상태여서 꿈을 포기하는 건 너무나도 아쉬울 것 같다는 생각이 들었습니다. 그렇게 제가 가진 꿈을 현실화시키기 위해서, 혹은 아직 찾아오지 않은 꿈을 간직하기 위해서 공부를 해야겠다고 다짐하게 되었습니다.

그에 따라 구축한 제 공부 방법은 크게 두 가지로 나누어 볼 수 있습니다. 한 가지는 수학능력시험이라는 정형화된 틀에 완벽히 들어맞는 교과 학습법이며 다른 하나는 그 틀을 유지하되 보다 심층적인 사고력을 요구하는 교과 학습법입니다. 요행을 바라지 않고 기본에 충실히 한다면 그것이 쌓여 좋은 결과로 돌아온다고 믿었기에 이를 이겨낼 수 있었습니다.

착실히 공부하며 묵묵히 버틴 결과, 저는 만족할 만한 수학

능력시험 결과를 얻을 수 있었고 서울대학교 경영학과에 진학하게 되었습니다. 4년간의 학부 생활을 마친 후에는 서울대학교 법학전문대학원에 진학했으며, 현재는 모 대형 로펌에 컨펌이 된 상태에서 변호사 시험을 준비하고 있습니다. 왜 로스쿨에 진학했냐고 묻는다면, 좋게 말한다면 직업에 대한 소명 의식이 확고했기 때문일 것이고, 좀 거칠게 말하면 큰 고민 없이 진학한 것이라고 말할 수 있습니다. 어려서부터 당연히 법조인이 되어야겠다는 생각을 품고 있었고 그에 따라 큰 고민 없이 서울대학교 법학전문대학원을 택했습니다. 다만 고려한 점은 제가 무엇을 좋아하는지와 제가 무엇을 싫어하는지였습니다. 저는 사람과 함께하는 과정을 좋아하고 새로운 문제에 부딪히며 성장할 때 스스로에 대한 보람을 느끼는 편입니다. 동시에 불확실성에 기대는 모험을 할 배포는 되지 않았으며 반복적인 일을 견뎌내는 데는 소질이 없다고 느꼈습니다. 이런 부분들을 계속 고민하다 보니 스타트업, IB, 회계 분야 등은 생각하지 않았고 자연스럽게 기존의 목표를 실현하고자 하였습니다.

이러한 사고 과정을 거쳐 자신의 장래를 계획하는 사람은 꽤 많습니다. 비록 지금은 목적의식이 확고할지라도 막상 대학에 진학하면 본인이 생각했던 전공과 괴리가 있어 혼란을 겪을 후배분들도 있을 것이며, 당장 하고 싶은 일이 불명확하여 아직 고민하고 계시는 후배분들도 있을 것입니다. 하지만 내가 어떤 사람이 되고 싶은지에 대한 고민은 차치하고서라도 어떤 일을 하고 싶은지에 대해 확신을 가지는 사람은 정말 드물다는 점을 꼭 알려드리고 싶습니다. 무엇을 업(業)으로 삼을지를 정하지 못하고 계속해서 고민하는 것은 너무나 당연한 일이며 그 끝에 정한 선택지가 완벽하지 않은 것도 흔한 일입니다. 다만 그 과정에 있어 본인이 어떤 사람인지를 반추해 보고 그에 어울리는 방향을 택한다면 그 나름의 의의가 충분하다고 생각합니다.

로스쿨에서의 3년 과정을 마친 후 로펌 변호사를 목표로 삼은 것은 동료들과 함께 성장할 수 있다는 점에서 직업적 매력을 느꼈기 때문입니다. 가끔 미디어에서는 피고인 개인을 변호하는 형사 전문 변호사의 모습, 악덕 재벌총수를 변호하려 하는 부정한 변호사의 모습이 자주 노출되곤 하는데 실제 로펌 변호사는 개인이 아닌 기업을 상대로 자문을 제공하는 경우가 많습니다. 그렇기에 산업의 성장과 규제 흐름에 대한 발 빠른 이해가 필요하고 특히 클라이언트가 소속된 산업 관련 지식을 빠르게 익히는 역량이 필수적으로 요구됩니다. 나아가 로펌 변호사는 팀을 단위로 움직이기 때문에 전문성을 가진 다른 변호사들과의 협업이 필수적입니다. 그에 따라 동료 및 선·후배들과 소통하는 능력이 중요합니다.

실제 지난여름 인턴 경험을 했을 때, 변호사의 역량을 간접적으로 체험해 볼 수 있었습니다. 로펌에서 실제로 담당했던 사건을 바탕으로 의뢰인에게 자문서를 작성하는 과제가 있었는데, 학교에서 습득한 지식을 그대로 적용하는 일은 불가했다는 점을 배웠습니다. 기존의 지식을 최대한 활용하되 그가 완벽히 들어맞는 사안은 아니었기에, 다른 판례와의 사안구조적 유사성을 주장하며 해당 법리를 유추 적용할 것을 논증하는 것이 과제의 큰 줄기였습니다. 실제 로펌 변호사의 업무도 이와 유사한데 그 어떤 업무도 기존에 했던 것과 같지 않기에 계속해서 방대한 자료를 조사하고 익히며 논증을 펼칠 역량을 키우는 것이 중요하다는 것을 배웠습니다. 물론 이러한 직역이라면 어느 순간 자신의 밑천을 마주할 수 있을 것이고 끊임없이 달려야 한다는 점에 지치는 순간도 있을 것입니다. 하지만 그를 극복할 만큼 그로부터 오는 성취와 보람이 크다고 생각했으며, 함께 하는 사람들이 소중했기에 이 길을 택할 수 있었습니다. 제 글을 읽고 로펌 변호사에 호기심을 가진 분이 있다면, 어떤 전공을 택하더라도 법학전문대학원에 진학할 길은 열려있으니 주저하지 말고 도전해 보시길 바랍니다.

다소 장황하게 말씀드렸지만 제가 기술한 부분은 개인적이기에 실제 여러 부분에서 차이가 있을 수 있습니다. 저 역시 다사다난한 일을 겪다 보면 이 길을 후회하는 순간이 언젠가는 올지도 모릅니다. 다만 확언할 수 있는 부분은, 한민고등학교에서 생활하면서 목표를 설정하고 달리는 방법과 자기 자신을 믿는 힘을 배울 수 있었고, 그것이 바탕이 되어 여기까지 올 수 있었다는 것입니다. 한민고등학교에서 무엇을 얻을 수 있는지는 각자에게 달린 것이지만 후배 여러분이 그 무엇을 얻으시든, 앞으로의 길에 좋은 자양분이 되리라 믿습니다. 지금 투입하시는 모든 시간과 노력이 결코 헛된 시간이 아님을 기억하고, 저와 함께 파트너가 될 후배 법조인이 등장하기를 기다리겠습니다.

2

적극적이고 진취적인 인재

주체성은 열정에서 나온다

동아리 활동은 정규 교육 외에 학생들의 관심사와 경험을 크게 확장할 수 있는 교육적인 의미도 있지만, 동시에 주체적으로 어떤 프로젝트나 목표를 달성해 나가는 과정을 통해 많은 것을 배우고 추억을 쌓을 수 있는 활동이기도 하다. 학교 정규 교육과정 내에 있는 동아리 활동은 크게 정규 동아리와 자율 동아리로 구성되어 있다. 다만 입시에만 집중하는 분위기에서는 사실상 어떤 동아리가 구성된다고 해도 교과 과정 내에서 의무적으로 시간을 보내는 경우가 많을 것이다. 다양한 활동을 뒷받침하기 어려운 실정이다 보니 교사 중심으로 동아리를 개설하고 적정 인원수의 학생들의 채워 넣는 것이 일반적이다.

한민고에서 동아리 활동은 학생들이 가지고 있는 다양한 관심사와 열정을 발휘할 수 있는 매우 중요한 시간이다. 정규 동아리와 자율 동아리가 각각의 특성에 따라 활발한 활동을 이어가고 있다. 정규 동아리는 학교 교육과정 내 창의적 체험 활동에 포함된 것으로, 흔히 알고 있는 CA(Club Activity) 활동이라고 보면 된다. 그런데 한민고에서는 정규 동아리마저도 평범한 CA 활동과 조금 다르다. 이미 전통으로 자리 잡은 유수의 동아리들이 많아서, 입학 초부터 학생들이 직접 동아리 홍보 및 면접 등의 과정을 거쳐 엄격하게 후배들을 뽑고 활동을 이어 나간다.

민약 기존에 있는 동아리 중에서 자신의 관심 분야와 관련된 것이 없다면 학생이 해당 부서의 선생님에게 문의하여 지도 교사를 섭외하고 동아리를 새롭게 개설하기도 한다. 올해에는 마땅한 문예 창작 동아리가 없어서 2학년 학생이 지도 교사를 섭외하러 찾아왔다. 동아리 개설 계획서를 작성하고 동아리가 개설되면 여기에 관심 있는 1, 2학년 학생들이 모여서 한 해 동안 작품 창작, 대회 참가 등의 활동을 계획한다. 그리고 이 계획에 따라 주체적으로 활동을 하고 점검하는 등의 동아리 운영을 학생들이 직접 한다. 교사는 어려움이 있을 때 도움을 주거나 조언해 주는 역할을 할 뿐, 활동의 주체는 역시나 학생이다.

자율 동아리는 말 그대로 교육과정 내에 포함되지 않는 동아리 활동이다. 학생들이 관심 분야별로 동아리를 개설하고 동아리원을 모집하여 주체적으로 활동을 진행한다. 이미 정규 동아리의 활동이 지도 교사의 커리큘럼을 따르기보다 자율적으로 진행되고 있어 큰 차이는 없지만, 시간적이나 내용적인 제약이 훨씬 적다고 보면 된다. 활발하게 활동이 이루어지는 한민고 자율 동아리로는 MIC(랩 동아리)와 한밭(농사 동아리) 등이 있다.

　자율 동아리는 수시전형의 확대와 함께 전국적으로 잠시 붐이 일기도 했지만, 이를 담당하는 교사의 부담이나 시간 부족 등 현실적 제약으로 활발하게 운영되는 데 어려움이 있다. 특히나 최근 자율 동아리의 수가 급격히 감소했는데 이는 수시 전형에서 자율 동아리를 평가에 반영하지 않게 되었기 때문이다. 하지만 한민고는 입시제도에 크게 영향을 받지 않는다. 그것과는 별개로 여전히 자율 동아리 활동 역시 활발하게 이루어지고 있다. 꿈도 많고 열정 가득한 학생들이 자발적으로 동아리를 창설하려 하고, 교사들은 이를 적극적으로 지원한다. 밖에 있었다면 마련하지 못했을 긴 시간 덕분에 공부도 하지만 동아리 활동도 열심히 할 수 있었다.

　한창 왕성할 때는 자율 동아리가 수백 개에 달하기도 했다. 덕분에 한 명의 교사가 열 개 이상의 동아리를 담당하기도 한다. 한민고 학생들이 자주 쓰는 말 중에 '임장을 빼다'라는 말이 있다. 임장(臨場)이란 현장에서 임하다, 즉 현장에 직접 나와서 활동한다는 말이다. 평일 일과 시간 후에나 주말 자유 시간에 동아리 활동을 하기 위해서는 반드시 지도 교사가 있어야 그 동아리의 활동이 가능하다. 이에 학생들은 지도 교사를 찾아가서 오늘 임장을 빼 주실 수 있는지를 묻는다. 국어 교사로서 이 문장의 어울리지 않는 주술 관계로 고심을 해 보기도 했다. 아마 '저희를 지도(임장)해 주시기 위해 시간을 빼 주실 수 있느냐' 혹은 '저희를 지도(임장)해 주셔서 저희의 시간을 빼 주실 수 있느냐'에서 파생된 문장이 아닐까 싶다. 거의 관용구처럼 쓰이는 저 문장은 선배가 후배에게 그대로 전해 주며 대대로 굳어져 내려오는 말이다. 이렇게 학생들이 지적 탐구 및 다양한 활동에 대한 갈증으로 여전히 활발한 자율 동아리 활동을 하고 있고, 학교와 선생님들도 이에 지원을 아끼지 않는다.

동아리 외에도 관심사가 비슷한 학생들끼리 모여 유의미한 활동을 하는 일종의 단체도 상당히 많다. 흔히들 학교 공식 동아리가 아니면 학생들이 많이 참여하지 않으리라고 생각한다. 하지만 이는 아직도 한민고등학교 학생들을 잘 모르는 것이라고 할 수 있다. 비공식 단체가 동아리로 귀속될 경우, 학생들이 한민고 입학 전부터 하고 싶었던 유명 동아리에 들어갈 수 없다 보니 동아리 활동과 별개로 소속 없이 모여서 하고 싶은 활동을 하는 것이었다. 이 역시 선후배 간의 끊임없는 교류와 확실한 역할 분담으로 명맥을 유지하는 것을 넘어 학교 운영에 주체적인 역할까지 맡고 있다. 일례로 졸업생과 재학생이 함께 모여 단체를 만들고, 이 구성원들이 학교를 대신하여 예비 신입생과 신입생, 학부모를 대상으로 학교에 대한 다양한 궁금증을 해결해 주는 활동을 했다. 이러한 일련의 활동은 학생들의 열정 말고는 설명할 길이 있을까. 학교생활기록부에 적어 주는 것도 아니고, 본인의 대입에 도움이 되는 것도 아닌데 자발적으로 하

는 일들이다. 학교를 사랑하는 마음과 무엇이든 앞장서서 하고
자 하는 학생들이 열정이 더해진 결실이라 말할 수 있다.

동아리 중에 공학 기술 탐구부, 생태 환경 탐구부, 역사 탐구
부 등 교과 수업을 넘어선 호기심 해결을 위한 탐구 동아리들
이 있다. 이때 동아리 활동을 하면서 학술제 연구 주제에 대한
아이디어를 얻기도 한다. 특히 과학 탐구 동아리에서 각 동아
리에서 탐구하고 실험하는 과정에서 아이디어를 얻어 탐구 내
용을 논문으로 정리해 학술제에서 발표하는 학생들도 많다.
한민고 학생들이 주체적으로 나서서 동아리나 단체를 만들
고 참여하는 모습을 보면 때로는 그 열정에 놀란다. 아이들은
자신이 하고 싶은 일이 있으면 잠을 줄여서 없는 시간이라도
만들 만큼 몰두하고 결국은 원하는 결과를 이뤄 낸다. 긍정적
인 마음가짐, 해내고자 하는 성취 욕구, 열심히 하려는 의지와
열정 등이 어디에서든 아이들을 선두 주자로 만드는 듯하다.

아이디어를 실행에 옮기는 행동력

한민고는 학생들이 원한다면 동아리 개설뿐 아니라 대부분
의 건의 사항을 수용하는 문화를 가진 학교다. 선생님들도 학
업과 관련 없는 시간 낭비라고 생각하지 않고 "도와줄게, 한번
해 봐."라고 격려하고 물심양면으로 돕는다. 그 덕분인지 아이

들의 엉뚱한 아이디어가 숨 쉬듯이 쏟아지기도 한다. 복도에는 항상 대자보가 한가득 붙어 있고, 각자의 동아리 활동이나 캠페인 등 홍보 전단과 설문지도 즐비하게 붙어 있다. 놀라운 것은 엉뚱한 아이디어들이 어떻게든 결과물로 실현된다는 것이다. 아이들도 자신들이 기획하긴 했지만 '이게 된다고?' 하면서 놀라는 경험을 한다.

알고 보면 엉뚱함 속에 눈에 띄는 아이디어가 숨어 있기 마련이다. 많은 아이디어가 생활 속 불편함에서 생겨나는 법이니 말이다. 어느 고등학교든 아이들의 가장 행복하고 소중한 일과 중 하나가 점심시간이 아닐까 싶은데, 날씨가 좋을 때면 경쟁이 치열해지는 곳이 바로 급식실 야외 테이블이다. 예쁜 꽃이 흐드러지게 피어 있고, 자그마한 연못에 물이 졸졸 떨어지는 소리를 들으며 야외에서 와자지껄 떠들며 밥을 먹는 시간은 한민고 생활에서 잊지 못할 경험이 된다. 그렇기에 한정된 시간에 많은 사람이 몰리면서 경쟁이 생기고 자잘한 갈등 상황이 발생하기도 한다. 이에 일부 학생들이 모여 야외 테이블 예약 시스템을 만들어 운영하기도 했다. 물론 시스템이 완벽하게 구축되어 엄청난 성과를 낸 것은 아니지만, 학생들이 필요를 느껴 스스로 구상하고 운영한 것으로, 무엇이든 해 보려는 용기가 반영된 멋진 사례라고 본다.

올해에는 아이들이 대자보를 붙여서 설문조사 하는 걸 보니, 이번엔 '급식실 예상 대기 시간 알리미'를 개발하고 있는 모양이다. 연구의 최종 목적은 '학생들의 효율적인 식사 시간 이용과 급식실 혼잡도 개선'이라고 한다. 혹시 모르지 않나. 이들 중에 작은 아이디어를 키워서 큰 회사를 운영하는 미래의 사업가가 나올 수도 있지 않을까 기대해 본다.

학교 주변에 있는 새끼 고양이들을 아이들 한두 명이 돌보다가 어느덧 학교의 마스코트로 정착시킨 것도 바로 한민고 학생들이다. 동물보호 동아리(TAP)가 주도적으로 나서서 아이들과 함께 고양이 집을 만들고 중성화 수술까지 고려하며 공생의 방법을 찾았다. 누가 시킨다고 할 수 있는 일도, 가르쳐 준다고 금방 실천할 수 있는 일도 아니다. 공생을 위한 좋은 방법을 고민하고 속전속결로 실행에 옮기는 행동력이 때로는 어른이 봐도 감탄스럽다.

또한 '위안부 피해' 할머니를 위한 배지 제작 및 기부 프로젝트도 인상적이었다. 두 명의 학생이 주도적으로 기획하여 재학생과 선생님을 대상으로 총 262개의 배지를 판매하고 그 금액을 기부한 프로젝트다. 학생들이 직접 배지를 디자인하고, 업체에 발주를 넣고, 홍보와 판매, 기부까지 진행했다.

이런 과정이 수업과 상관없이 아이들의 '자기주도성'을 길러주는 것은 물론이고, 또한 '타인에 대한 이해'를 배울 수 있게 한다. 직접 시스템을 만들고 운영하면서 겪는 어려움을 통해서 다른 사람의 입장이 되어 보고, 친구들과 선생님에 대한 이해와 포용, 인정의 마음을 배우게 되는 것이다. 때로는 시행착오도 겪으면서 아이들은 점점 단단해지고, 열정과 함께 사회 속의 조화롭고 건강한 구성원으로 성장해 간다.

학생회가 공약한 학생을 위한 축제

흔히 사회에서는 직장을 다닐 때 '주인 의식'을 가지라고 요구한다. 하지만 회사의 대표가 아닌 사원이라면 대부분 주인 의식을 가질 필요를 느끼지 못하고 주어진 일만 수동적으로 해치우는 경우가 많다. 그럴 동력이 없기도 하고, 학습된 무기력이 계속해서 따라간다고 볼 수 있겠다. 학교에서 진행되는 행사는 아이들에게 평소 일상과 다른 신나는 이벤트가 되기도 한다. 하지만 우리가 학교 다닐 때를 돌이켜 보면 이것은 과연 누구를 위한 행사인가 생각이 들 만큼 마냥 즐겁지만은 않았던 기억도 있을 것이다. 정해진 절차에 따라 억지로 역할을 떠맡고 진행되다 보면 누군가에게는 즐거운 시간일지라도 누군가에겐 힘들고 지루한 하루가 되어 버리기도 한다.

한민고는 축제 등의 활동도 학생 교육의 연장선상이기에 학생이 직접 만드는 축제를 치를 수 있도록 돕는다. 학생들은 단순하게 주어진 행사에 참여만 하는 게 아니라, 여러 행사와 진행 과정 등에 주도적인 역할을 한다. 아이디어가 좋으면 그것이 얼마든지 반영되고 실현된다. 주체적인 의식을 가지고 임한다면 자연히 그 행사를 성공적으로 이끌기 위해 더 열정적으로 최선을 다하게 될 것이다.

학교에서 학생들이 행사를 진심으로 즐길 수 있는 가장 좋은 방법은 행사를 직접 기획하여 원하는 대로 준비하는 것이다. 다소 지루할 수 있는 3·1절 등 국경일 행사를 한민고에서는 학생들이 연극이나 공연을 기획해 준비하고 진행한다. 기획한 학생에겐 긴장감과 설렘을 안고 준비한 행사를 선보이는 시간이고, 참여하는 아이들도 준비 과정을 가까이서 지켜봤을 뿐아니라 각기 의견을 반영한 행사라서 한층 진지하게 몰입한다.

축제나 체육대회도 마찬가지다. 행사가 있을 때 학생들이 원하는 방식과 교사들이 진행하려는 방식에는 살짝 차이가 있을 수 있다. 하지만 한민고의 축제 '한비제(韓飛祭)'는 학생들이 운영에 관한 매뉴얼과 규정에 대한 계획서를 작성하는 것으로 시작한다. 모든 운영 과정과 절차를 학생들이 정하고 운영하며, 교사는 그저 도와주고 조언만 하는 역할이다. 사소한 시행착오도 분명히 있지만 이를 개선해 가는 재미가 더 크다.

학생회에서는 매년 기수마다 축제 명칭을 정하고 때로는 해당 학생회를 대표하는 캐릭터도 만든다. 지금은 AI 기술의 도움을 받지만, 예전에는 직접 축제 포스터 도안을 그리기도 했다. 또한 특색 있는 부스를 운영하며 자신들만의 색깔을 담은 축제를 기획하고 만든다. 준비하면서 필요한 준비물을 쉽게 공수할 수 없는 곳이다 보니 모든 게 교내 수공업으로 이루어진다. 혹은 선생님과 같이 시골 읍내에 나가 필요한 재료를 구해오기도 하는데, 밤새 같이 축제를 준비하고 별을 보면서 기숙사로 돌아가는 길은 선생님과 학생들에게 잊을 수 없는 추억으로 남는다.

한번은 축제 중에 아이들끼리 싸우는 소리가 들렸는데, 행사 진행 중 마이크 사용 시간을 두고 빚어진 갈등이었다. 현재 부스를 사용하는 고객을 위하는 쪽과 다른 수많은 예비 고객을 위하는 쪽의 입장이 갈려서 다툼이 일어난 것이었다. 각각의 입장마다 이유가 있어 주장이 그렇게 논리적일 수가 없었다. 축제를 담당했던 선생님은 자기 이익을 위해 싸우는 게 아니라 축제에 참여하는 친구(고객)를 위해 발 벗고 나서는 열정이 느껴져서 싸움을 중재하면서도 웃음이 나왔다고 한다.

축제 때가 되면 한민고 학생들은 주체할 수 없는 끼와 열정을 다 쏟아붓는 듯하다. 많은 축제 현장을 다니는 음향업체 직원분이 말하길, 대학 축제도 많이 가 보고 유명 연예인이 오는 무대도 많이 가 보았지만 이처럼 서너 시간씩 연달아서 질리지도 않고 열정적으로 즐기는 현장은 본 적이 없다고 한다.

이전에 인기 가수가 학교를 찾아와 무대를 설치하고 공연하는 〈스쿨어택〉이라는 TV 프로그램에서 한민고를 찾은 적이 있는데, 이 역시 학생들이 직접 신청하고 운영한 것이었다. 유명 아이돌이 와 눈앞에서 공연을 펼쳐도 한민고 학생들에게는 그것을 바로바로 찍을 휴대폰이 없지 않나. 그 당시엔 태블릿이 이렇게 흔하지도 않았을 때다. 그나마 운이 좋은 학생은 노트북을 들고 와서 노트북 캠으로 찍는, 재미있으면서도 슬픈 광경을 목격할 수 있다. (그 프로그램은 철저히 비밀에 부친 채 무대를 세팅하기 때문에 미처 카메라를 준비할 겨를도 없었다.) 애석하지만 어쩔 수 없으니 눈으로 보고 담고 느끼는 학생들의 모습이 보였다. 그런데 그 모습이 왜 그렇게 감동인지 모르겠다. 눈앞의 희열을 그대로 보고 온전히 느낀 경험은 앞으로도 학생들에게 길이 남을 값진 시간이 되었으리라 생각한다.

워낙 열정이 넘치는 학생들이 모여 있기에 학교에서는 자유롭게 부스 운영을 허용해 주는 편이다. 덕분에 각기 엄청난 준비를 하며 마침내 축제 당일이 되었는데 뜻밖에 웃지 못할 황당한 문제가 발생한 적도 있다. 모든 학생이 부스를 운영하고 있어서 정작 행사에 참여할 학생이 없는 것이다. 당황한 운영진이 급히 방송을 통해 부스 운영 시간대를 정해서, 일부 학생들은 부스 운영을 잠시 접고 다른 부스를 체험할 수 있도록 정리하기도 했다.

주말 체육대회는 아이들의 요구사항을 받아들여 시작된 행사다. 체육대회에 대한 학생들의 열망이 매우 컸지만, 학교 교육과정상 하루를 통째로 체육대회를 위해 쓰기는 쉽지 않다. 대신 '짬짬이 스포츠 리그'라고 해서 반별 대항전으로 점심시간마다 축구, 농구, 피구, 발야구, 이어달리기 등의 종목으로 리그전을 펼치고 있다. 이러한 부분에 대한 학생들의 요구사항을 반영하여 학생회에서는 '주말 체육대회 개최'라는 공약을 제시했다. 당선 후 공약 실천을 위해 협조하고 정해야 하는 무수한 요소들이 있었으나, 학생회에서는 이 난관을 헤쳐 나가면서 결국 공약이었던 주말 체육대회를 성공적으로 치렀다.

학생회는 여느 학교에서처럼 학생회장과 부회장을 중심으로 구성된 학생 자치 단체다. 이들은 학생들을 대표하여 학교 운영에 관해 다양한 제안을 수렴하고, 이를 통해 제도를 개선하는 데 일조하는 등의 역할을 맡는다. 특히 공약을 통해 계획한 프로젝트를 총괄하여 진행하는데, 학생들이 원했던 체육대회 개최는 이러한 학생회의 책임감과 통솔력이 돋보인 결과이기도 했다.

사실 한민고 학생들은 대개 초등학교, 중학교 시절 동안 임원을 한 번 이상 해 본 경험이 있다 보니, 행사 기획력이나 지도력 등을 마음껏 펼칠 수 있는 학생회에 들어가면 물 만난 물고기가 된다. 한번은 1학년 학급 회장과 부회장을 선출하려는데 전체 학급 인원 30명 중 20명이 후보로 신청하여 놀랐던 경험도 있다. 놀리는 줄 알았는데 모두 진지했다. 다들 리더였고, 리더를 꿈꾸는 학생들이라 입후보에 진심이었기에 결국 최종 후보 4명을 추리기 위한 과정이 꽤나 힘들었다.

이러한 열정은 결국 학업과 다른 활동 속에도 자연스레 녹아들기 마련이다. 아무래도 학교 프로그램을 직접 만들고 운영하다 보니 학교와 교육에 대한 애정과 관심도 더욱 크다. 물론 혈기 넘치는 청소년들의 열정 속에서 어떻게 갈등이 없을 수 있겠느냐만 이를 봉합하고 결과를 끌어내는 과정에서 아이들은 성장한다.

수단과 목적이 전도되어 대학 입시를 최종 목표로 여기는 학습 풍토가 생기다 보니, 아이들의 창의력을 키워 줄 만한 교육을 하거나 다양한 활동과 경험을 병행하기 어려운 것이 대한민국 교육의 한계점이다. 교사 역시 강의식 교육을 받아왔기에 선뜻 그 틀을 깨기가 쉽지는 않다. 하지만 고정관념을 깨고 교사와 학생들이 함께 새로운 체계와 틀을 만들면서 얻는 성취감은 남다르다. 한민고에서 아이들이 생각하는 아이디어를 실현할 수 있도록 다양한 시스템과 프로그램의 시도를 적극적으로 돕고 응원하는 이유이기도 하다. 이러한 작은 도전들이 모여 학생들이 사회에 나가서 무엇이든 도전해 볼 수 있도록 힘을 길러 줄 것이라 믿어 의심치 않는다.

불이 꺼지지 않는 도서관

한민고의 도서관 정경을 떠올리기 위해서는 세련된 인테리어를 갖춘 북카페를 머릿속에 그려 보면 쉽다. 큰 창 앞에 폭신한 빈백이 놓여 있고 흔들의자에 앉아 멍하니 창밖을 바라보는 친구들도 있다. 신간 도서나 특별 배치 도서를 위한 낮은 서가 옆에, 눈높이에 맞는 소파를 두어 읽고 싶은 책을 바로 꺼내 읽을 수 있도록 했다. 아이들은 마음에 드는 공간을 택해 몸을 깊숙이 파묻고 책을 읽거나 휴식을 취한다.

보통 학교 도서관이라고 하면 딱딱한 책장이 천장까지 빼곡한 공간을 생각하게 되는데, 한민고의 도서관은 조용히 책만 읽는 도서관의 이미지를 벗어나 자유롭고 편안하게 휴식을 취할 수 있는 공간으로 만들고자 특별한 리모델링을 거쳤다. 특히 이곳을 주로 이용하는 학생들의 관점을 반영하기 위해 도서부 등 여러 학생의 의견을 수렴했다. 이렇게 모두에게 쉼터이자 놀이터가 된 도서관은 이용자가 크게 늘었고 도서 대출 건수도 예년 대비 3~4배 증가했다. 덕분에 도서관은 한민고 학생들에게 단순한 독서의 공간을 넘어 힐링의 공간으로 자리 잡았다.

사실 고등학교 시절에는 공부하느라 책을 읽을 시간이 없다. 실제로 입시에만 집중하는 환경 자체도 아이들에게 책 읽을 기회를 주지 않는다. 하지만 한민고에서는 아이들의 독서 습관과 경험을 쌓는 과정을 중요하게 다루는 편이다. 그래서 도서관 역시 책만 읽는 것이 아니라 책 속의 내용을 바탕으로 경험과 사고를 확장해 가는 공간으로 재구성한 것이다.

이 안락한 도서관에 밤새 불이 꺼지지 않는 날이 있다. 한민고 도서관의 대표적인 행사인 '불광불독(不狂不讀)'*의 날이다. 기숙학교의 특성상 학생들이 모든 시간을 학교 안에서 보내기 때문에 스트레스도 해소하고 다양한 경험을 할 수 있도록 학교 자체 프로그램을 다수 운영하는데 불광불독도 그중 하나다. 이는 선생님과 아이들이 밤새도록 도서관에서 책을 읽고 자유롭게 토의하는 행사다. 농담 반 진담 반으로 바로 이 불광불독 때문에 한민고에 왔다고 말하는 아이들이 있을 정도로 인기가 높다. 밤에 학교에서 책을 읽는다는 것이 다른 학교에서는 쉽

---

* 　사자성어 '불광불급(不狂不及)'에서 유래된 말로, 한민고를 대표하는 도서관 행사이다.

게 경험할 수 없는 일인 만큼 학생들에게 더욱 매력적으로 다가 오는 듯하다. 이 행사로 자연스럽게 학생들이 책과 친해지고 도서관을 많이 이용하는 계기가 되기도 한다.

학생들이 도서관을 잘 활용하고 책과 친해질 수 있도록 하는 행사를 주도적으로 기획하고 진행하는 것은 도서부 '한새미로'이다. 도서부도 워낙 인기가 많은 동아리라 모종의 이유로 동아리에 들어가지 못한 친구들이 유령 도서부원으로 활동하기도 한다. 공식적인 동아리 시간에는 참석할 수 없지만 쉬는 시간마다 와서 책 정리를 돕거나 행사에 의견을 내는 등 도서관 일에 주도적으로 참여한다. 다른 동아리 활동을 병행하면서도 책을 사랑하는 마음에 자발적으로 도서관을 찾는 아이들이다.

아무래도 도서부 학생들은 다른 학생들보다 책을 접할 기회가 많다 보니 자연스럽게 서로 책 이야기를 나누고 책에 대한 느낌과 생각을 공유할 때가 많다. 도서관 계단을 올라가면 자기들끼리 테이블 앞에 모여 앉아 삼삼오오 토론을 나누고 있는 학생들을 쉽게 볼 수 있다.

이렇게 같은 책을 읽고 서로 이야기를 나누는 독서 토론은 책의 내용을 더 다양한 관점에서 깊이 있게 이해하는 좋은 기회가 된다. 독서 토론이라는 건 책의 주제와 내용, 인물이나 작가의 관점을 충분히 이해하고 자신의 주장을 논리적이고 일관성 있게 전달해야 하는 활동이다. 그래서 내용 속에서 문제점을 찾아보거나 주제 토론을 통해 좀 더 명확하게 주제에 접근해 보는 과정을 바탕으로 자연스럽게 사고력을 키울 수 있다.

또 자신의 주장을 전달하는 데 있어 말의 속도나 말하는 태도, 방식에 대해서도 교사나 친구들의 피드백을 통해 자신감을 기르게 된다.

  학습의 궁극적인 목표는 기존에 축적된 역사적 자료나 연구 결과 등을 압축적으로 이해한 후 새로운 것을 만드는 데 있다고 본다. 독서가 이 목표를 달성하기 위한 가장 좋은 방법이라는 것에는 이견이 없을 것이다. 특히 책을 읽는 데 그치지 않고 책에 대한 생각을 나누고, 심도 있는 토론을 나눌 수 있도록 자연스러운 환경을 조성해 주는 것만으로 아이들은 종이에 적힌 텍스트를 뛰어넘어 살아 있는 지식을 자신의 것으로 만들 수 있다.

열정과 성취를 지속할 수 있는 가장 확실한 동력

  부모님이나 선생님이 시키는 학습을 잘 따라가던 학생들도 고등학생이 되면 학교생활에 집중하지 못하거나 성적이 떨어지는 경우가 왕왕 있다. 이 시기의 학생들도 공부가 중요하다는 것은 누구나 알지만, 누구에게나 힘든 3년의 입시 준비 과정을 버틸 수 있는 확실한 동기가 없으면 실질적인 행동으로 이어지기 어렵다. 사회의 여러 조직에서도 목표를 달성했을 때 돌아오는 성취감이나 보상이 없다면 그 일에 몰두하기 힘들다.

그래서 구성원에게 분명한 동기 부여를 할 수 있는 리더가 그 조직의 역량을 키운다.

한민고의 학생들이 어떤 프로젝트에 임할 때의 열정에 선생님들도 놀랄 때가 많은데, 이 역시 학생들이 바라보는 목표에 대한 동기 부여와 그에 따른 성취를 경험할 수 있는 환경이 가장 큰 이유라고 본다. 일단 한민고 학생들은 기본적으로 지원할 때부터 학교의 시스템에 대하 충분히 인지하고 있다. 학교의 문화와 전통에 대한 인식을 바탕으로 이곳에서 미래를 준비하겠다는 각오를 하고 모였기 때문에 그것이 첫 번째 동기 부여가 된다.

말했듯 한민고는 평균 한 달에 한 번씩만 귀가할 수 있고, 사교육이 금지되어 있으며, 또한 휴대폰도 사용할 수 없다. 부모님이나 외부의 도움이 철저히 차단된 상태에서 오로지 자신의 의지로 생활해야 하기에 충분한 각오 없이는 지원조차 하기 어렵다. 그래서 한민고 학생들에게는 학교를 스스로 선택하고 합격하는 과정에서 생긴 애정과 자부심이 애정이 깔려 있고, 그에 걸맞은 학생이 되고 싶어 한다. 실제로 또래 친구들과의 단체생활을 통해 서서히 그 동력을 끌어내며, 자신의 성격적 특성이나 생활 습관 등을 성찰하고 개선하는 좋은 계기로 삼는 학생들도 많다.

이러한 각오로 모인 학생들에게 스스로 하고 싶은 것에 도전할 수 있도록 북돋는 분위기가 형성되면 가능한 일이 많아진다. 자유롭게 소통하고 토론하는 문화 속에서 생각의 깊이가 깊어지고, 직접 기획하거나 도전하는 다양한 프로젝트 결과를 눈으로 보면서 성취감을 느낀다. 사실 기존의 경직된 사회와 학교 문화를 경험한 교사나 학생들이 처음에는 이러한 분위기에 바로 적응하기 어려울 수도 있다. 하지만 실제로 자유로운 소통 속에서 서로가 생각하지 못했던 것들을 무한하게 만들어 가는 경험을 하면, 점차 자신감이 생기고 더 많은 가능성을 발견한다.

일방적인 규칙을 만들고 수용하는 것이 아니라 함께 고민하고 개선하는 경험을 하면 학생도 선생님도 함께 발전한다. 서로가 서로에게 배움을 주는 것이다. 아무리 어른이라 해도 한민고 선생님들은 늘 열린 마음으로 학생들의 말에 귀를 기울인다. 물론 이때 전제되어야 할 것은 상호 존중과 배려, 예의범절일 것이다. 학생들은 자신의 의견과 주장이 논리적이고 합당할 경우, 공동체를 움직이는 힘이 될 수도 있다는 것을 느끼면서 앞으로 사회의 일원으로서 자신의 역할을 고민하고 목표를 향해 나아갈 수 있는 동기를 얻는다.

선생님이나 부모님 등이 학생들의 학습에 적극적으로 관여하여 돕는다고 해도 학습 성취를 개선할 수 있을지언정 그것을 계속해 나갈 수 있는 동력을 만들어 줄 수는 없다. 자신의 역량을 키우고 발전하고 싶다는 동기를 가질 수 있도록 도와주고, 학습은 스스로 주도해 나가는 것이 결과적으로 학습의 능률도 훨씬 올라가게 된다. 설령 당장의 시험 성적과 직결되지 않는 활동이라도 다양한 시도를 바탕으로 시야를 넓히고 자신의 가능성을 확인하는 것은 미래의 리더로서 자신감을 키워가는 과정이기도 하다. 그렇게 추진력을 준비하는 학생들을 지켜보자면 이들이 만들어 갈 미래가 궁금하고 기대된다.

고3을 이겨라! 대(對)후배 사기극

4기 조태현(서울대학교 화학생물공학부 재학)

S#1. 학급별 급식 과직 예약 시스템, '하나로'

"야, 뛰어!"

3교시 수업 종료를 알리는 종이 울리면 교실 뒷문이 열리며 앞다투어 고개를 내밀고, 급식실로 우당탕 뛰기 시작한다. 모두 익숙한 듯 일사불란하게 움직인다. 몇 명은 급식실 앞 게시판으로 뛴다. 예약자 명단을 확인 후 다같이 테이블을 옮기고, 예약석 팻말을 테이블 위에 착! 여기까지 하고 나면 서둘러 교실로 돌아가야 한다. 4교시 시작 전 도착. 세이프!

아마 4, 5기 친구들은 급식실 예약 서비스인 '하나로'를 기억할지도 모르겠다. 우리는 자율 동아리 '하나'를 운영하면서 한 학급 전체가 같이 밥을 먹을 만한 좌석을 확보하기가 쉽지 않다는 문제를 발견하고 이를 해결하기 위한 시스템, '하나로'를 도입했다. 학급 단위로 같이 밥을 먹고 싶은 학생들이 예약 게시판에 학년과 학급을 남기면 우린 그 명단을 파악한 후 예약 좌석을 배정했다. 그렇게 매일 3교시와 4교시 쉬는 시간 사이, 우리 부원들은 우당탕 움직이며 이 제도를 정착시키기 위해 노력했다.

처음 생긴 시스템에 학생들이 낯설어하기도 했지만, 시간이 지나면서 자연스럽게 반별로 돌아가며 우리 시스템을 이용하기 시작했다. 우리가 직접 아이디어를 내고 만든 시스템을 많은 이들이 편리하게 이용하는 광경을 본 느낌은, 말로 설명할 수가 없을 정도다. 졸업 후 들었는데 코로나 방역 문제로 후배들은 교칙 상 학급별로 식사를 하게 되었다고 한다. 하하!

S#2. 고3을 이겨라! 대(對) 후배 사기극

"37 × 17은?"

"…629!"

"와아!"

엄청난 환호성이었다. 한민고에 은둔의 고수가 숨어 있었다느니, 불세출의 천재가 등장했다느니 웅장한 웅성거림이 내 귓

가에 박혔다. 이마와 등에는 식은땀이 줄줄 흐르기 시작했다. 수능을 6개월도 채 안 남긴 고3 시절, 한민고등학교 축제 '한비제'에서 대국민, 아니 대후배 사기극을 펼쳤던 이야기를 시작해 보겠다.

한비제 전날 밤, 저녁 면학 시간 후 친구 한 명이 찾아왔다. 뜬금없이 암산을 잘하냐고 묻는다. 평소에 사소한 계산도 직접 종이에 적어 가면서 했기에 당연히 자신이 없었다. 친구는 아쉽다는 표정을 지었다. 그 사연을 들어보니 마지막 축제를 그냥 흘려보내기 아쉬워서 후배들을 대상으로 간단하게 '고3을 이겨라!'라는 부스를 운영하고자 한단다. 말 그대로 종목별로 1, 2학년 후배들과 3학년 대표들이 대결을 펼치는 것인데 친구가 계획한 시합 종목에는 팔씨름, 림보, 암산 등이 있었다. 그런데 그중에서도 암산을 맡아 달라는 것이었다. '맙소사! 차라리 림보를 하면 안 될까?' 고민하다가 거절하려던 찰나, 친구가 은밀하게 속삭인다.

"문제 미리 알려 줄게. 그러니까 너무 부담 가질 필요 없어. 넌 공부를 잘하는 이미지라 크게 의심받지 않을 거야. 너 말고는 적격인 사람이 떠오르지 않아."

청산유수와도 같은 감언이설이었다. 묘하게 설득력이 있었다. 들통나면 받게 될 질타, 그 뒤에 밀려올 죄책감 등이 걱정되긴 했지만 재밌을 것 같았다. 공부에 미쳐 가던 고3 아닌가!

그렇게 난생처음, 사기극에 동참하게 된다.

축제 당일, 점심을 서둘러 먹고 부스 장소로 향했다. 친구들은 능청스럽게 후배들의 주의를 끌었다. 십수 명의 아이들이 벌써 모여들기 시작했다. 그때 암산 종목 도전자가 등장했다. 아, 이제 더는 돌이킬 수가 없구나! 심호흡을 몇 번 한 후, 친구가 미리 넘겨 준 문제와 답을 되새겼다.

이윽고 친구가 문제를 공개했고 모두의 시선이 문제가 적힌 종이에 집중됐다. 볼 필요도 없었다. 난 이미 문제를 알고 있었다.

"37×17은?"

침착하자. 답을 외칠 타이밍을 궁리하자. 너무 빨리 외쳐도 짠 거 같고, 너무 늦게 외치면 질 것 같았다. 그 사이에 적절한 타이밍을 잡아야 했다. 도전자가 답을 외치지 말기를 간절히 기도하며 억겁과 같은 시간을 흘려보냈다. 얼마간의 시간이 흐른 후 나는 외쳐 버렸다.

"…629!"

와, 하며 탄성을 내뱉는 사람들의 눈동자가 의심으로 흔들리는 듯하다. 누가 시키지도 않았는데 신들린 듯 중얼거리기 시작했다.

"740…740-111…"

"네, 정답입니다! 조태현 학생 승!"

엄청난 환호성이 나를 감싸며 안도감이 들었다. 사기극이라는 걸 알면서 우습게도 완전히 몰입해 버렸다. 도전자에게 여유 있는 악수도 청하고 말았다. 연극영화과에 가야 하나 진로를 진지하게 고민하던 그때, 3학년부 선생님이 나타났다.

"얘들아, 고만큼 했으면 이제 돌아가지?"

재빠르게 부스를 정리하고 우리는 4층으로 뛰어올랐다. 이렇게 긴 세월이 지난 뒤에야 '고3을 이겨라' 부스의 사기극을 고백한다. 이 자리를 빌려 나와 암산 대결을 펼쳤던 후배에게 진심으로 사과의 말씀을 드린다. 입시에 지친 3학년 선배들의 광기라고 생각해 주길 바란다. 혹 이 글을 보고 찾아온다면, 맛있는 것을 사 주겠다고 약속하는 바이다.

S#3. 마지막 한민고 캠퍼스 투어

"마지막으로 드리고 싶은 말씀이 있습니다. 사실 오늘은 제가 한얼복을 입고 캠퍼스 투어를 진행하는 마지막 날입니다. 저는 이제 한민고를 떠나지만, 아직 학교에는 학교생활을 도와 줄 저보다 훨씬 멋있고 훌륭한 후배들이 정말 많습니다. 그러 니 앞으로의 한민고도 많이 기대해 주시고 꾸준한 관심과 응 원 부탁드립니다. 이상으로 캠퍼스 투어를 마치도록 하겠습니 다. 제 마지막 투어에 함께해 주셔서 감사드리며, 저는 여느 때 와 마찬가지로 저기 기둥 옆에서 기다리고 있을 테니 궁금한 점이 있는 분들은 편하게 오셔서 질문 부탁드립니다. 감사합니 다."

수능이 끝나고 2주가 지났다. 필자는 한민고등학교 홍보대 사 '한얼' 학생으로서 마지막 캠퍼스 투어 도우미로 활동했다. 고3 수험생이 되면서 한얼 활동은 중단했는데 학교 공개의 날 행사에 고3 학생도 캠퍼스 투어 봉사에 참여할 수 있었다. 그 렇게 마지막 캠퍼스 투어를 진행하게 되었다. 일 년의 공백이 있었던 터라 말도 꼬이고, 완벽한 투어를 진행했다고 말하기는 어려웠다. 하지만 대본을 외워서 매끄럽게 말하는 것에만 집중 하던 과거와 달리 이번에는 진심을 담아 솔직담백하게 마음을 전달하고 싶었다.

3년 동안 한민고를 다니면서 내가 경험하고 얻은 것들이 얼 마나 값진지 학교에 오신 분들께 진심을 담아 전달하고 싶었 다. 의도가 제대로 모든 분께 전달되었는지는 모르겠다. 부족 하고 투박하지만, 진심 어린 필자의 말에 많은 분들이 격려와 응원의 박수를 보내 주셨다. 마지막 캠퍼스 투어의 순간은 지금 생각해도 감정이 북받쳐 오르는, 한민고의 3년을 멋지게 마무리할 수 있었던 최고의 순간이다.

마지막으로 나의 대입 결과를 물어보시며, 좋은 대학에 가기 위해 학교생활을 잘하는 방법에 대해 질문하신 학부모님이 계셨다. 그때 이런 대답을 했다.

"한민고에 온 학생들이 3년을 살아가는 방식은 사람마다 다 다르고 매우 다양합니다. 열심히 공부에 매진하는 사람도 있고, 동아리나 오케스트라 등 교과 외 활동에 집중하는 사람도 있습니다. 정해진 로드맵을 밟으며 한 단계씩 성장하는 사람도 있고, 독특한 일을 벌이며 자신만의 정체성을 뚜렷하게 보여주는 사람도 있습니다. 이는 모두 한민고를 다니는 하나의 '방식'이고, 모든 방식이 모여 '올바른 방향'이 되는 것입니다. 다른 고등학교들은 모르겠지만, 한민고는 꼭 좋은 대학에 가야만 학교를 잘 다닌 것이 아니라고 말씀드리고 싶습니다."

자투리 시간을 모아 만든 자기 관리법

4기 김규리(경희대학교 식품영양학과 재학)

오전 6시면 어김없이 기상을 알리는 음악이 울린다. 교사동
(학교 본관)과 면학실에서 일과를 바삐 보낸다. 밤 12시. 한껏 소
란했던 기숙사가 캄캄히 고요해진다. 반복적인 일상이 어제도,
오늘도, 그리고 내일도 계속된다. 같은 장소에서 같은 시간표
로 공부하고 있지만, 개개인의 만족도는 다르다. 주어진 시간
을 활용하는 방식과 각자의 역량이 모두 다르기 때문이다.

1학년 1학기 첫 중간고사. 거의 모든 학생에게 크나큰 충격
을 안겨 주는 시험이다. 나도 예외는 아니었다. 한 번도 받아본
적 없는 처참한 성적은 생애 첫 좌절을 맛보게 해 주었고, 하
늘까지 치솟아 있던 자신감은 밑바닥까지 추락해 버렸다. 비로
소 내 위치가 어느 정도인지를 알게 되었고, 지금까지처럼 느
긋하게 살다간 대입은커녕 고등학교 졸업도 제대로 못 하겠구
나 싶었다. 인생 첫 좌절이었다. 이후 절박해진 마음에 친구들,
담임 선생님, 선배님 등 주변 사람들의 조언을 가리지 않고 구

했다. 모두가 자기 일인 것처럼 적극적으로 조언과 응원을 해 주신 덕분에 많은 도움을 받을 수 있었다. 내가 진단한 나의 첫 번째 문제는 예습의 깊이가 얕아 다른 친구들에 비해 출발선이 훨씬 뒤처져 있다는 것이었고, 두 번째는 학급 회장과 동아리 등의 활발한 교내활동을 학습과 병행하려고 하니 공부에 투자할 수 있는 절대적인 시간과 체력이 부족하다는 것이었다. 문제를 알았으니 이를 해결할 방법을 스스로 찾아야 했다.

먼저 부족한 학습 시간을 채우기 위해 자투리 시간을 적극적으로 활용했다. 매 식사 시간과 교시별 쉬는 시간 등 자유 시간의 1분 1초를 아껴가며 필사적으로 시간을 만들어 냈다. 이전에는 흐지부지 흘려보내던 5분, 10분이 모여 1시간, 2시간이 되었고, 이렇게 조각조각을 모은 시간을 활용하여 넘쳐나는 수행평가를 해결하고는 했다. 급식을 먹기 위해 줄을 서 기다릴 때나 화장실 가는 시간 등 책상을 벗어나는 모든 순간에는 항상 영어 단어장과 함께였다. 단어 암기도 반복 학습이기 때문에, 굳이 따로 외우는 시간을 만들지 않고 큰 힘을 들이지 않더라도 영어 단어장을 계속 들여다보는 습관만으로 영어 단어만큼은 충분히 내 것으로 만들 수 있었다. 시험 기간에는 단어뿐만 아니라 과학, 수학 등 다른 과목의 내용을 정리한 요약 노트를 들고 다니며 공부하기도 했다.

또, 스터디 플래너를 백분 활용하였다. 3년간 꾸준히 일간, 주간, 월간, 연간 목표를 세우며 해야 할 일들을 정리했고, 학습량과 학습 내용, 할 일, 부족했던 점 등을 매일 꼼꼼히 확인하며 놓치는 것은 없는지, 버리는 시간은 없는지 매일 성찰하는 습관을 들였다. 이는 자투리 시간을 효율적으로 활용하는 데에도 큰 도움이 되었다. 스톱워치로 하루 동안의 공부 시간을 측정하여 플래너에 기록하며 매일 매일의 공부 효율을 분석하고 성찰했다. 심자 -한민고 학생들이 '심야 자습'을 줄여서 부르는 말- 시간에는 플래너에 일기를 쓰며 하루를 되돌아보았다. 매일 밤 반성할 일, 감사했던 일 등 나의 솔직한 감정들을 모두 털어내고 나면 종이 한 바닥이 글자들로 가득 차 터져 버릴 듯했지만, 하루를 잘 마무리하는 것은 물론, 그날의 나의 감정을 털어내서 정리하고 머릿속을 말끔히 비워낼 수 있게 해 주었다. 일기의 마지막은 항상 나 자신을 토닥이는 내용이었는데 자존감을 높여 주고 자신감이 생기게 해 주고, 그리고 무엇보다도 감사하는 마음을 잃지 않게 해 주었다.

이런 노력을 하기 시작한 이유가 있다. 나는 매일 힘들어하고 별것 아닌 일에도 쉽게 눈물을 흘리는 나 자신을 자책한 적이 많았다. 이럴 때 심리 상담을 하며 추천을 받은 방법이 도움이 되었다. '컨디션 그래프'를 그려보는 방법이었다. y축은 신체적 에너지, x축은 마음 에너지로 설정하고, 내 상태가 어느 사분면에 위치하는지 좌표를 찍어 보는 것이다. 그리고 그날의 내 상태를 이해하고 받아들이는 것이다. 수학 시간에 지겹도록 보던 그래프를 플래너 한구석에 그려놓고 오늘 나의 정신적, 육체적 컨디션을 객관적으로 한눈에 바라볼 수 있도록 하였다. 좌표가 제 1사분면 위에 있으면 그날은 정신적·육체적

컨디션이 모두 좋은 것이고, 반대로 좌표가 제 3사분면 위에 있으면 몸과 마음이 모두 지친 날이라는 뜻이다. 오늘 나의 컨디션을 이렇게 단순히 시각화하는 것만으로도 힘들어하는 나 자신을 자책하지 않고, 그 상태를 온전히 받아들이고 이해하는 데 큰 도움이 되었다.

정신력이 강인한 편이 아니었던 나는 수많은 좌절을 겪으며 매일같이 눈물을 흘렸고, 한민고 생활에 적응하기 위해 더욱 정신 건강 관리에 심혈을 기울였다. 나뿐만 아니라 다른 친구들도 그랬을 것이다. 혼자만의 시간을 사수하기 어려운 기숙사 생활과 입시 경쟁 속에서 치열하게 살아가다 보면 스트레스에 취약해질 수밖에 없기 때문이다. 고2 끝자락 즈음, 정신뿐 아니라 육체적으로도 쇠약해졌고, 면역력 저하로 인해 스트레스성 위염이라는 고질병을 얻었다. 위염이 심하게 와서 흰죽도 제대로 먹지 못했고, 몸무게가 40kg대까지 내려가기도 했다. 그 시절 몸을 제대로 가누기도 힘들었고, 몸이 아파 계획한 공부를 원하는 대로 하지 못하는 상황에서 나의 컨디션은 나 스스로가 지켜야 한다는 것을 절실히 깨달았다.

개인적으로 스트레스를 해소하는 데 큰 도움이 된 것 중 하나가 주말마다 열리는 '불교 집회'에 참여하는 일이었다. 한민고의 불교 집회는 종교적 색채가 강하지 않고 거의 명상 캠프에 가깝다. 종교적 강압성이 없어 거부감이 적다. 불교 신자가 아닌 친구들도 같이 집회에 들러 명상을 하고 잡념을 없애곤 하였다. 명상 시간을 갖고 나면 한 주 동안 지칠 대로 지친 마음이 깨끗하게 정화되는 것이 온몸으로 느끼는 소중한 시간이었다. 오로지 내 육체와 정신만을 찬찬히 느껴보는 평화로운 그 순간만큼은 모든 속박으로부터 자유로웠다. 성난 파도처럼 요동치던 정신이 잔잔한 호수처럼 고요해졌다. 이렇게 명상을 한 후 바로 면학실로 돌아가 공부를 하면 그때만큼 집중이 잘 될 때가 없었다.

또한 불교 집회에 참여하는 소소한 재미 중 하나가 나눠 주시는 작은 간식이었다. 공부하며 간식을 먹을 때면 집회 시간에 포교사님께서 해 주신 좋은 말씀들이 생각나 지친 마음속 희망이 샘솟아 오르고는 했다. 졸업할 때까지 꾸준히 불교 집회에 참석했는데, 대입 시즌 외에는 특별한 이벤트 하나 없는 척박한 수험 생활 속 쉼 없이 달려온 일주일의 끝에서 불교 집회는 나를 기다리는 반가운 쉼표 같은 존재였다.

체력 향상과 자신감 회복에 도움이 된 또 다른 습관은 운동이었다. 매일 밤 9시부터 30분간 주어지는 간식 시간에 나만의 루틴에 따라 운동을 했다. 매일같이 러닝머신 또는 운동장 구보를 뛰고, 줄넘기하고, 남은 시간에는 윗몸일으키기와 스트레칭을 하며 땀을 흠뻑 냈다. 좋아하는 노래를 들으며 시간 가는 줄 모르고 달리다 보면 몸과 마음이 모두 가벼워지는 걸 느낄 수 있었다. 평소의 운동 패턴이 지루해지면 종종 친한 친구와 배드민턴이나 탁구 치며 배꼽 빠지게 웃기도 했다. 이렇게 운동, 특히 러닝을 하면 지구력을 길러줄 뿐만 아니라 스트레스 해소 및 자존감, 자신감 회복에도 특효약이라는 것을 몸소 느꼈다.

독서 습관은 자기 관리와 성장에 필수적이었다. 마음이 슬쩍 느슨해질 때마다 자기계발서를 읽으며 정신을 다잡았고, 성공한 사람들의 성공 비결을 여러 책에서 엿보며 효율적이고 올바른 생활 습관을 들이고자 노력했다. 고등학교 공부와 대학 입시는 의지와 동기부여, 그리고 끈기가 매우 중요하다. 최소 3년이라는 마라톤이기 때문이다. 아무리 환경이 잘 갖추어져도 자기 자신의 독한 마음가짐과 지구력이 없으면 아무런 발전이 이루어지지 않을 것이다. 어떤 사람들은 친구들끼리 경쟁하며 공부의 동기부여를 얻고는 한다. 그러나 그 방법은 성격에 맞지 않았던 나는 과거의 나와 경쟁했다. 어제의 나보다 더 잘난 사람이 되기 위해 자기계발서를 읽고 또 읽으며 의지를 불태웠고, 이 과정을 통해 시간을 효율적으로 활용하는 법, 효과적인 공부 습관, 정신 건강 관리법 등을 제대로 배울 수 있었다.

자연 친화적 환경은 피로와 스트레스를 해소할 수 있는 한민고등학교만의 특별한 요소였다. 한민고등학교는 파주의 깊고 한적한 자연 속에 위치한다. 그래서 학교를 오고 가는 게 쉽지 않았지만, 그만큼 좋은 점도 많았다. 외딴 시골에 동떨어져 있어 도시의 소란스러운 분위기와 매캐한 매연은 찾아볼 수 없었다. 학교 뒤편엔 '돌봉산'이라는 작은 산이 있는데, 멸종위기 2급 양서류인 맹꽁이가 서식하고 있을 정도로 자연환경이 잘 보존되어 있다. 환경과 생태계 문제에 관심이 많았던 나는 교내 생태환경 동아리인 '걸어 다니는 한민 생태 도감'에

서 양서파충류 분과로 활동했는데 그 덕분에 한민고의 자연을
온몸으로 느껴볼 수 있었다.

　도시에서는 접하기 힘든 깊고 푸르른 자연 속에서 좋아하
는 생물들을 관찰하고 탐구하는 것은 나에게 힐링 그 자체였
다. 비가 오는 날에 면학실에서 공부하고 있으면 개구리가 우
는 소리를 실컷 들을 수 있었다. 하루는 기숙사 면학실 안으로
옴개구리(한민고에 서식하는 독개구리 중 한 종류)가 들어온 적도 있었
다. 그 시절 나는 '생태 도감 기장 개'로 익히 알려져 있었고,
친구들은 하나같이 나를 부르며 개구리가 들어왔다고 소리쳤
다. 마침 복도에서 물을 마시던 나는 종이컵에 개구리를 담아
숲속으로 안전하게 옮겨 주었던 기억이 난다.

　물론 나처럼 특별히 동아리 활동을 하지 않더라도 한민고의
자연은 일상 속에서 언제 어디서든 느낄 수 있다. 오전 6시에
가방을 멘 채로 아침 점호를 하고 바로 학교로 향하면 한민고
의 깨끗한 자연을 가장 기분 좋게 누릴 수 있다. 산봉우리 사
이로 천천히 떠오르는 해를 보며 감탄할 수 있고, 촉촉하고 깨
끗한 산속 공기를 나 혼자 마음껏 만끽할 수도 있다. 마치 아
무도 마시지 않은 '새 공기'를 마시는 듯한 기분을 아직도 잊을
수 없다. 새벽 공기를 마시며 평화로운 아침 풍경을 보는 것만
큼 상쾌하고 기분 좋은 순간이 없었기에 이 특권을 누리기 위
해 매일 아침 일찍 기숙사를 나섰다.

　대학생이 된 요즘도 가끔 아침 일찍 일어나 창문을 열고 새
벽 공기를 마셔 보고는 한다. 꾀부리지 않고 최선을 다해 열
심히 살았던 한민고등학교에서의 그때 그 시절의 추억이 새벽

내음을 타고 마음을 간질여 오는 것을 느낄 수 있다.

졸업한 지 3년이 지난 지금 학창 시절을 돌이켜 보면 수많은 어려움이 있었다. 하지만 그 모든 어려움을 극복하고 한민고 생활을 무사히 마무리할 수 있었던 것은 오로지 입시에만 집중할 수 있는 좋은 분위기와 쾌적한 환경 덕분이며, 동아리 활동과 대회 등 다채로운 교내활동으로 마음껏 자신의 역량을 발휘할 수 있는 안정적이고 효율적인 한민고의 교육 환경 덕분이었을 것이다. 그러나 그중에서도 한민고에서 가장 좋았던 깃은 한민고등학교가 맺어 준 신생님, 신후배님, 그리고 친구들이라는 좋은 인연이다. 서로 경계하고 경쟁만 하기보다는 모르는 것은 서로 알려 주고, 힘든 일은 도우며 함께 극복해 나가는 한민고만의 독보적인 분위기 또한 모두에게 좋은 시너지 효과가 되었으리라. 항상 아이들을 진심으로 아껴주시고 보듬어주시던 한민고 선생님들의 열정은 졸업 후 생각해 보니 더욱 존경스럽게 느껴진다. 한민고등학교에서 사귄 친구들과는 현재까지도 우리들의 시간을 교류하며 20대의 청춘을 함께 하고 있다. 한민고등학교에서 얻은 가장 소중한 것이 좋은 인연이라고 말하는 것은 과언이 아닐 것이다.

한없이 약하고 여렸던 나를 단단하게 성장시켜 주고, 배려하는 마음, 앞장서서 하는 실천력 등을 배울 수 있었다. 그리하여 한민고에서의 3년은 평생 잊지 못할 소중한 추억이자 인생의 전환점으로 남을 것이다.

바른 인성과
공동체 정신을 갖춘 인재

예절과 인성을 배우는 작은 사회

한민고의 방문객들은 복도에서 마주친 학생들이 너나 할 것 없이 예의 바르게 고개를 숙여 인사하는 모습을 보고 조금 놀란다. 학생들 모두 인사성이 밝고 표정이 환하다면서 말이다. 한민고 아이들은 신입생 때부터 졸업하는 순간까지 서로에게 밝게 인사하고 받아 주는 문화를 배운다. 한민고 학생과 선생님은 서로서로 인사하며 교류를 활발하게 나누는 편이다. 인사는 단순한 예의범절 차원을 넘어 서로를 존중하고 존중받는 느낌을 나눌 수 있는 첫걸음이라 생각한다.

한민고의 건학 이념은 "올바른 국가관과 인성을 갖춘 창의적 인재 양성"이다. 지식을 쌓아 창의적으로 탐구하는 인재를 키워내는 것도 중요하지만, 학교라는 곳은 지식뿐만 아니라 예절과 인성을 가르치는 하나의 작은 사회다. 다만 요즘 시대의 사회 현실이 녹록지 않고 다양한 요인 때문에 이러한 기능을 하지 못하는 경향도 있다. 특히나 코로나 시대를 겪으며 학교 교육의 부재가 큰 영향을 끼치기도 했을 것이다.

개인주의적인 성향이 짙어지고 있는 사회지만 그럴수록 미래에는 협업을 위해 함께 교류하고 이해하며 존중할 수 있는 역량이 더 중요하게 평가받을 것이다. 이것만은 발전하는 기술이나 AI가 대체할 수 없는 인간 고유의 능력이기 때문이다. 이에 한민고의 학교생활과 교육과정의 곳곳에는 늘 예절과 인성 교육이 녹아들어 있다. 경쟁에 치우쳐 서로를 배척하고 자신을 돌아보지 못한다면 근본적으로 세상을 위하는 좋은 인재를 양성하기 어렵다고 생각하기 때문이다. 덕분에 거친 사회의 변화 속에 있지만, 그 와중에 한민고는 여전히 교육의 이상을 실현하고 있다는 자긍심을 가진다.

기본적인 예절 교육 이외에도 특별한 교육이 더해지기도 한다. 인사 교육은 특히 '아낌없이 주는 한민, 아주한(이하 아주한)'이라는 명사 초청 특강 프로그램을 진행하면서 이루어진다. 쉽게 뵐 수 없는 명사를 초청해 강연을 듣는 시간인 만큼 강의를 경청하는 자세와 공손한 태도로 명사를 우대하는 방법을 가르치는 것이다. 그것이 자신에게 도움이 될 뿐 아니라 학교의 이미지를 결정하며, 이렇게 쌓아 올린 이미지는 다시 자신에게 긍정적인 영향으로 돌아올 것이라는 점도 강조한다.

또한 학생들이 누리고 있는 교육적 혜택이 결코 그냥 주어진 것이 아니라는 것을 학생들에게 알려 준다. 학비가 0원이지만 특목고 못지않은, 오히려 그 이상의 활동을 하고 교육을 받는 것은 학교를 운영하는 많은 분의 희생과 노고 덕분이기에 그 사실을 잊지 않도록 하는 것이다. 교사는 물론이고 학교 운영에 기여가 높은 모든 교직원에 대한 감사의 마음을 가지는 교육 시간을 갖고, 이것은 학부모님에게도 이루어지고 있다.

학교를 떠나는 졸업생에게도 당부의 말을 잊지 않는다. 졸업생이 걸어가는 길이 우리 학교의 길이기도 하니 바르고 올곧은 길을 가 주었으면 좋겠다는 바람을 말이다. 실제로 대학에 진학한 선배들이 좋은 모습을 보여 주어 한민고에 대한 좋은 인식이 생기고 있고, 후배들이 잘해 준 덕분에 선배들은 사회에서 한민고 출신이라는 점을 당당하고 자랑스럽게 말할 수 있게 되었다.

또한 군 자녀가 많은 학교이다 보니 가정에서 배운 애국정신 역시 학생들의 바른 인성 형성에 영향이 있는 듯하다. 숱한 어려운 상황 속에서도 항상 나라를 위해 희생하고 묵묵히 맡은 임무를 수행하시는 부모님의 모습을 보며 자란 아이들의 마음 한편에 나라를 위하는 마음, 부모님과 가족에 대한 애틋한 마음 등이 피어난다. 그리고 이것은 아이들이 곧고 바르게 살아갈 힘을 키워 주는 가장 튼튼한 뿌리가 되어 준다.

나를 돌보고 남과 어울리는 법

한민고에 입학한 학생들은 모두 기숙사 생활을 하게 된다. 군 자녀를 위해 설립한 한민고에서 기숙사 생활은 필연적인 요소이기도 했다. 부모가 직업 군인일 경우 지역 이동이 워낙 잦아 아이들의 전학 횟수가 많을 수밖에 없다. 이로 인해 스트레스를 받는 자녀들의 어려움을 줄여 주기 위해 설립된 한민고에서는 그들에게 안정적인 환경을 마련해 줄 수 있도록 학생에게 기숙사를 제공하게 되었다.

주거의 안정을 확립한다는 장점이 있지만, 이직 고등학교 1학년밖에 되지 않은 어린 학생들이 단체 생활을 한다는 것이 녹록지는 않을 것이다. 하지만 졸업생들은 한민고의 교육과정이나 시설 등도 좋지만 무엇보다 기숙사 생활이 좋은 경험이자 기억으로 남는다고 입을 모아 말한다. 또한 대학에 가면 기숙사 생활을 하게 되는 경우가 생기는데, 고등학교에서 미리 접해 본 경험이 큰 도움이 된다고도 한다.

기숙사의 일과는 새벽 6시에 시작된다. 세면 및 아침 점호를 하고 7시부터 7시 50분까지 조식을 먹고 등교를 준비한다. 때에 따라 다시 좀 더 잘 수도 있고(재취침) 원하면 자율 학습도 가능하다. 8시부터 11시까지 정규 수업을 마치면 방과 후 수업과 동아리 활동이 진행된다. 그리고 석식 후 19시부터 23시까지 다시 방과 후 수업을 받거나 자율 학습을 할 수 있다. 23시 30분에 저녁 점호 후 취침하는데 희망자에 따라 새벽 2시까지 자율 학습 공간을 개방한다. 주말에도 똑같이 6시에 기상하되 8시 이후에는 수업 대신 자습, 휴식, 체육 활동, 종교 활동 등을 진행한다.

기숙사에서 아이들이 처음 배우게 되는 것은 자기 자신을 나름의 방식으로 키우는 방법이다. 아이들은 학업 성적뿐만 아니라 체력, 개인위생까지 스스로 관리해야 한다는 것이 얼마나 중요하고 힘든 일인지 깨닫게 된다. 중학교 때까지는 집에서 부모님이 전부 해 주었지만 여기에서는 작은 일 하나까지 모두 스스로 챙겨야 한다. 처음 경험해 보는 과정인 만큼 적응하는 데 어려움을 겪는 아이들도 적지 않다.

매주 정해진 요일에 빨래를 내야 하는데 그걸 못 챙겨서 입을 옷이 없다던 아이도 있었고, 심지어 감기에 걸렸는데 대수롭지 않게 여기고 치료를 하지 않아 폐렴으로 증상이 악화되어 입원하는 아이도 있었다. 내가 오늘 해야 하는 일을 하지 않으면 결국 내일의 내가 해야 한다. 특히나 보통의 기숙사는 일주일에 한 번씩 집에 다녀오기 때문에 일주일 동안의 빨래를 한꺼번에 모아 집에 가져가는 경우도 많다. 그런데 한민고는 일주일마다 집에 다녀오는 환경이 아니기 때문에 어딘가에 의존하기보다는 스스로 해야 한다는 사실을 빠르게 배운다.

단체 생활을 하다 보니 친구들 사이에 갈등이 생기는 일도 있다. 호실에서 같이 쓰는 화장실은 학생들이 직접 청소해야 하는데, 누구는 부지런히 청소하는데 누구는 더럽게 쓰고 치우지 않으면 자연히 문제가 생기는 것이다. 내가 해야 하는 일을 안 하는 것이 다른 사람에게 내 역할까지 떠미는 무책임한 행위와 같은 의미임을 아이들은 몸으로 부딪치며 알게 된다. 누군가 옳지 않은 행동을 하면 정확하게 문제를 제기해야 하지만, 동시에 서로를 이해하고 배려하며 어우러지는 것도 중요하다. 내가 먼저 좋은 사람이 되지 않으면 여럿이서 함께하기 어렵다는 것을 깨닫는 단계이다.

물론 이런 과정에서 갈등을 중재하고 해결하고 도움을 주는 분들이 있다. 생활 면에서 학교 교사만큼이나 중요한 역할을 하는 분들이 기숙사 사감 선생님들이다. 기숙사 관장님은 특히 매일 근무 시간이 따로 정해져 있지 않다고 해도 좋을 만큼 온종일 아이들과 함께한다. 사감 선생님들 역시 저녁부터 아침까지 아이들의 면학 시간과 건강관리 등을 챙기며, 여러 명의 교육 지도사가 혼잡한 면학 시간을 관리하여 아이들이 공부 습관을 기를 수 있도록 늘 돕고 있다.

이러한 환경은 종합적으로 아이들의 자발성과 인성을 만들어 주고, 이런저런 일을 겪고 해결해 나가면서 아이들은 비로소 독립적인 인간으로 성장한다. 나름대로 좌충우돌 여러 일을 통해 갈등하고 상처받기도 하며 단련되다 보니 한민고 아이들은 이제 여기를 나가면 어디를 가도 두렵지 않다는 이야기도 많이 한다. 이미 단체 생활, 사회생활은 '만렙'인 셈이다. 고등학교 생활이 입시 중심으로 흘러가다 보면 또래 친구와의 사교 형성 등에 대해 소홀해지는 경우도 많다. 하지만 사회에 나가면 협업을 통한 프로젝트를 많이 하게 된다. 단체 생활은 손

해를 볼 때도 있고, 개인마다 어려운 부분이 있겠지만 이를 미리 겪어 보고 함께 극복하며 사회화되고 성장하는 과정도 소중한 경험이다.

한민고 학생들에게 기숙사는 또 다른의 학교이자 사회다. 동시에 일과가 끝나면 돌아가는, 또 하나의 가정이기도 하다. 4인 1실 생활을 하며 화장실이나 샤워실도 함께 사용하다 보니 룸메이트 친구들은 가족보다 더 가까운 가족이 되기도 한다. 가끔 밉고 보기 싫다가도 무슨 일이 생기면 제일 먼저 달려가게 되는 가족처럼, 같은 추억을 공유하며 끈끈하고 소중한 인연을 만들어 간다는 것이 무엇보다 학생들에게 가장 큰 재산이 되리라고 믿는다.

자기 관리는 체력에서 시작된다

한민고 기숙사의 주된 일과 중 하나는 새벽 구보다. 구보 후에 다시 잠을 자도 되지만 특별한 이유가 없으면 이 시간에 빠짐없이 참여해야 한다. 건강관리의 일환이자 새벽에 일어나서 규칙대로 생활하는 루틴을 만드는 시간이기도 하다. 아직 어리고 아침잠이 많은 학생에게 새벽에 일어나서 구보까지 하는 것이 참으로 고역일 수 있다. 오죽하면 아이들이 기숙사에서 사발에 물을 떠 두고 기우제를 지낼 정도이니 말이다. 코로나 이후, 지금은 새벽 구보 활동이 없어졌으나 여전히 아침부터 맑은 정신으로 시작하는 규칙적인 생활의 중요성을 강조하고, 기숙사에서도 이를 실천하기 위한 일과를 운영하고 있다.

아이들이 한민고에 입학했을 때는 기본적으로 건강과 체력 관리에 대한 대승적인 합의가 있다. 처음 부모님의 품을 떠나 독립한 아이들은 학업에서 뿐만 아니라 건강관리 면에서도 부침을 겪는다. 물론 부모님의 잔소리에서 벗어났으니 처음에는 마냥 좋다. 편식도 실컷 하고, 귀찮으면 밥을 굶기도 하고, 잘 씻지 않는 경우도 많다. 그렇게 양치를 제대로 하지 않아 치아가 썩고 나서야 자기 전에 꼭 양치하라는 부모님의 잔소리를 떠올리게 된다. 성인이 된 이후에 처음 집에서 독립한 자취생들이 흔히 겪는 과정과 다르지 않은 셈이다.

건강 면에서 억지로라도 체력을 기를 수 있도록 시작한 게 새벽 구보였다. 흔히 고등학교 생활은 체력이 전부라고 할 정도로 체력 관리는 자라나는 아이들에게 가장 중요한 부분이다. 기숙사 생활을 하다 보니 아이들에게는 시간이 아주 많다. 그 많은 시간에 공부를 할 수도 있고, 동아리 활동을 할 수도 있고, 무엇을 탐구하거나 친구들과 놀 수도 있겠지만 무엇을 하든지 체력은 필요하다. 아이들은 여러 차례 시행착오를 겪으면서 시간을 알뜰하게 활용하려면 체력 역시 뒷받침되어야 한다는 걸 몸소 느낀다. 기숙사에서 사감 선생님들도 꼼꼼히 챙겨주시지만 결국 자신의 몸을 건강하게 아끼고 관리할 수 있는 사람은 바로 자기 자신이다.

실제로 학교를 계속 다니고 싶어도 건강이 따라 주지 않아 중도에 포기하는 학생들도 있다. 학교를 좋아하고, 잘 지내도 가장 기본적인 체력이 뒤따라 주지 않으면 그 아무리 좋은 것이라 할지라도 무용지물이다. 결국 장기적으로 더욱 만족스러운 학교생활을 영위하기 위해 개개인의 체력 관리는 필수다.

학교 기숙사에는 체력 단련실(헬스장)이 있고 운동장이나 풋살장 등을 개방하여 학생들이 자율적으로 운동할 수 있는 환경을 조성하고 있다. 여름에 한시적으로 운영되는 수영장도 있다. 덕분에 운동에 관심이 없던 학생들도 억지로나마 운동장을 돌기도 하고, 헬스를 하기도 한다. 흔히 수험생들은 공부하느라 운동할 시간이 없다고 생각할 수도 있지만, 한민고 학생들을 보며 깨닫는 것은 공부를 열심히 하고 잘하는 아이들이 체육과 음악을 비롯하여 모든 활동을 열심히 잘한다는 것이다. 운동을 통해 체력을 기르고 에너지를 끌어올려 나머지 시간을 더욱 활기차게 보낸다. 자기 자신의 건강을 돌보는 것은 독립된 한 사람으로서 온전히 땅을 딛고 서기 위한 첫걸음이기도 하다.

내면에 집중하는 나만의 시간이 필요하다

　우리는 사회라는 하나의 공동체를 구성하고 있지만, 그 속을 들여다보면 사람들 개개인의 성향은 각기 다르다. 학생들도 마찬가지로 사람들 사이에서 힘을 얻는 학생이 있는가 하면, 혼자 있는 시간에 에너지를 충전하는 학생도 있다. 공동체로 살아가는 법을 배우는 동시에 자기 자신에게 집중하고 마음을 보듬는 시간도 필요하다. 자신이 짐작했던 것보다 더 버거운 환경에 힘들어하기도 하지만, 그런 어려움을 각오하고 버티기 위해 한민고에 진학하겠다는 용기를 낸 아이들이다. 그런 아이들의 상태를 배려하고 그들의 정서를 안정시켜 줄 환경을 조성해 주는 것이 학교의 역할이다.

　학교에는 전문 상담 선생님 두 분이 상주하여 학생들의 정신 건강을 관리해 준다. 2층에 개별 상담실이 있고, 4층에는 개별 상담과 집단 상담을 병행하는 상담실이 있다. 상담 선생님들은 각자 특정 성별과 학년을 전담하면서, 가족들과 떨어져 지내는 학생들에게 부모님처럼 의지할 수 있는 역할을 해 주려고 노력한다. 원하는 학생은 누구나 신청을 통해 심리 상담을 받을 수 있다.

　적극적인 상담이 아직 부담스러운 친구들을 위해 개별적으로 편안히 쉴 수 있도록 층별로 다양한 휴게 공간도 마련되어 있다. 카페처럼 휴식이 가능한 도서관이 대표적인 휴게 공간이며, 그 외에 AI 라운지, 학년별 휴게 공간 등을 통해 따로 또

같이 쉴 수 있도록 했다. 휴게 공간에는 부모님과 영상 통화를 할 수 있는 전화 시설도 마련되어 있다. 어떤 학생에게는 보건실이, 도서관이, 또 상담실이 쉼터가 된다. 어디서든 다양한 쉼터를 만날 수 있도록 여러 형태로 최대한 많은 공간을 펼쳐 놓았다. 특히 24시간 동안 단체 생활을 하는 만큼 때때로 혼자 고요하게 있는 시간이 필요한 친구들도 있다. 산책로 벤치에 앉아 잠시 고독을 느껴 보려 해도 5분도 안 되어 친구가 다가와 말을 거는 환경이기 때문에, 혼자 쉴 곳이 필요하다는 요청이 있었다. 이를 위해 상담실에 동굴 같은 캡슐 공간도 만들었다. 다만 학교가 워낙 넓고 공간이 많다 보니 사각지대 발생의 위험이 있어 교육 지도사들의 도움으로 위험을 방지할 수 있도록 면밀하게 관리하고 있다.

심리적으로 위축되거나 적응에 어려움을 겪는 친구들을 위한 다양한 해결 방안도 고민하고 있다. 그중 하나가 진로 진학 상담부와 전문 상담실에 비치된 '마음 날씨 체크표'다. 매일 자신의 기분이나 컨디션을 날씨로 기록하여 시각적인 지표로 바라보면 자기 자신을 그대로 이해하고 받아들이는 데 도움이 될 수 있다. 어떤 날은 해가 쨍하고 맑지만 어떤 날에는 장대비도 내리기 마련이다. 그러나 비는 언젠가 그치고 다시 맑은 날이 찾아온다. 그 단순한 진리가 마음을 더 단단해지게 한다는 것을 많은 학생이 체감하고 용기를 낸다.

선생님이나 선배들이 줄 수 있는 조언도 도움이 되겠지만 또래 친구들 사이에서만 얻을 수 있는 용기와 위로도 있다. 다들 같은 환경에서 비슷한 어려움을 겪는 만큼, 또 이를 함께 극복해 나가려 노력하는 것이다. 때로는 동아리 학생들이 응원의 마음을 담아 공연을 진행하기도 하고, 또 친구들이나 선후배와 각자의 경험을 공유하며 서로를 위로하기도 한다. 학생들끼리 서로에게 도움을 줄 방법을 고민하다가 심리 상담 동아리를 중심으로 또래 상담 부스를 만들어 운영하기도 한다.

무엇보다 심리 상담을 통해 적극적으로 도움을 요청하고, 또 자신에게 도움이 된 방법을 다른 친구들에게도 나누려는 것이 한빈고 학생들의 가장 큰 상섬 중 하나다. 어찌 보면 가장 힘들고 예민할 수 있는 사춘기 시기에 힘이 될 수 있도록 학교와 선생님들도 할 수 있는 모든 응원과 지원을 아끼지 않으려고 한다.

불안하고 힘든 순간도 있기 마련이지만 어떻게든 힘을 내고 다시 잘 해내려고 노력하는 학생들의 모습을 보면 인생을 먼저 산 어른의 눈에서는 그저 예쁘고 사랑스럽기만 하다. 누군가에게는 빈말처럼 느껴질 수도 있지만, 교사로서 건넬 수 있는 가장 진심 어린 말은 그저 "잘하고 있어, 원하는 대로 이룰 수 있을 거야."라는 격려뿐이다. 그저 눈앞의 입시 결과만이 아니라 그 너머에 길고 아름다운 꽃길을 향하는 아이들에게는 지금의 성장통마저 그저 눈부실 따름이다.

경쟁보다는
서로의 페이스메이커가 되어 주는 일

기숙사 생활을 하지 않더라도 또래들과 함께 가장 많은 시간을 보내는 고등학교 시절에 가장 중요한 존재는 누구보다도 친구들이다. 한민고에서는 아이들의 주거 환경과 학업 지원을 중요하게 생각하는 만큼 친구 관계의 중요성도 항상 염두에 두고 있다. 사회적으로 커다란 문제로 대두되는 왕따나 학교 폭력 문제에서 온전히 자유로울 수는 없다. 학교에서는 아이들의 목소리에 최대한 귀를 기울이려고 노력하는데, 전국의 고등학교를 대상으로 조사한 결과 한민고 학생의 학교 만족도가 가장 높았다는 결과는 무엇보다 아이들에게 고맙다. 교사에게 값지고 자랑스러운 부분이다.

아이들은 친구들과 교류하며 서로 좋은 자극을 주고받는다. 특히 선생님뿐 아니라 또래 친구나 선후배가 가르침을 주는 경우도 많다. 이를테면 복도의 게시판에는 1학년들이 가장 많이 고민하는 계열 선택에 대한 조언의 메시지가 붙어 있다. 후배들이 남긴 질문 아래에 2, 3학년 선배들이 직접 자필로 답변을 남긴다. 투박하지만 솔직하고 진심이 담긴 조언들이다. 1학년 학생들은 이 게시판을 둘러싸고 먼저 경험한 선배들의 조언을 바탕으로 자신의 결정을 다듬고 점검한다.

고등학생 아이들에게 친구들은 곧 경쟁자일지도 모른다. 중학교 내신 성적이 좋은 아이들이 모였기 때문에 비슷한 수준의 친구들과 경쟁하다 보면 지치는 마음이 드는 것도 당연할 것이다. 그 때문에 전학을 가는 경우도 생기지만 막상 전학을 간 뒤에는 한민고의 분위기를 그리워하며 아쉬움을 토로하는 아이들이 많다.

한민고에서는 주변에 있는 친구들이 너무 열심히 공부하는 경쟁자처럼 보이기도 하겠지만, 반대로 생각해 보면 나랑 비슷한 수준의 우수한 학생들이 함께 공부하고 있다는 것이 장점이 될 수도 있다. 오히려 서로를 이끌고 밀어주는 페이스메이커라고 해도 좋겠다. 서로 의견을 교류하고 토론하는 활동을 하다 보면 누군가가 실패해야 내가 성공하는 것이 아니라는 점을 깨닫게 된다. 서로의 부족한 부분을 채워 주고 내가 미처 생각하지 못한 관점을 상대방이 일깨워 주며 함께 성장한다는 것을 느낀다. 여러 어려움에 부딪힐 때도 있지만 그때 학생들을 일으키는 힘은 옆에 있는 친구들이다. 서로에게 도움을 주고받으며 서로의 가능성을 응원하는 든든한 한 팀이 되는 것이다.

졸업생들이 한민고에서 가장 좋았던 점으로 꼽는 것이 '친구나 선생님, 그 누구도 나의 꿈을 비웃지 않았다'는 점이다. 그래서 지금도 졸업생들은 인생에서 중요한 결정을 할 때마다 한민고 동창들에게 반드시 조언을 구한다고 한다. 졸업하고 성인이 된 이후에도 고민이 있을 때 늘 고락을 나누었던 고등학교 친구를 찾는다는 것이다. 그게 얼마나 인생의 값진 재산인지, 앞으로의 긴 인생을 살아가는 데 얼마나 큰 힘이 될 것인지는 굳이 말로 표현하지 않아도 충분할 것이다.

먼저 인사하는 습관이 길러 주는 힘

유발 하라리 교수는 "후속 세대에게 가르쳐야 할 과목은 수학, 과학이 아니라 감성 지능과 마음 균형"이라고 했다. 인공지능이 많은 것을 대체하는 시대가 다가오는 만큼 인간에게는 인간만이 가질 수 있는 능력과 역량을 기르는 것이 더욱 중요해진다는 것이다. 지금의 청소년들이 어떤 과목의 지식을 습득하는 것이 앞으로 사회에서 도움이 될지는 완벽하게 예측할 수 없는 시대다. 하지만 마음이 유연하고 인성이 훌륭한 인재는 어떤 조직이나 사회에서도 잘 적응하고 그곳에 필요한 역량을 펼쳐낼 수 있을 것이다.

명량대첩 당시 수많은 군사를 잃고도 결국 어려운 전쟁을 승리로 이끌었던 이순신 장군도 감성 리더십이 뛰어난 알려진 인물로 꼽힌다. 이순신 장군은 평소에도 부하들과 함께 술을 마시거나 씨름 대회를 열기도 하면서 사기의 진작을 위해 노력했다고 알려져 있다. 부하들의 마음을 헤아리고 고난이 닥쳐도 긍정적인 시각으로 확신을 심어 주는 능력은 지식이 아니라 감성 리더십에서 나온다. 전문가들은 이러한 정서적인 강점이 미래 사회에서도 업무나 성과에 큰 영향을 미칠 것이다.

아무리 뛰어난 능력이 있어도 이러한 감성 지능이 길러지지 않으면 건강한 사회의 일원으로 살아가기 어렵다. 결과적으로 부와 명예를 얻고 성공한다고 해서 꼭 행복한 삶을 살게 되는 것은 아니다. 기술이 발달하고 개인화된 세상에서 인간 본연의 가치인 도덕성과 선한 인성, 남을 배려하는 마음은 더욱 핵심적인 역량이 되어 가고 있다.

한민고에서는 학생들이 학교생활 내에서 올바른 인성과 공동체 정신을 기르고 교양과 인성을 모두 갖춘 인재로 성장하는 것을 중요하게 생각한다. 그래서 학생과 선생님의 관계는 물론이고 학생들끼리도 서로 존중하는 문화를 갖추고 있다. 한민고 학생들은 각종 행사나 토론 등 공식적인 말하기를 할 때 항상 존댓말을 사용한다. 비록 동기생일지라도, 후배일지라도 마찬가지이고 학교의 교장 선생님도 학생들에게 하대하는 경우 없이 늘 존댓말로 학생들을 대한다. 그 모습을 보면서 학생들 역시 선생님들을 존중하고 잘 인사하며, 선생님들도 학생에게 먼저 인사를 건네는 교풍이 있다.

이처럼 학생들은 상호 존중하는 분위기를 바탕으로 누가 시키지 않아도 공동체의 질서를 위해 앞장서서 행동하는 것을 자연스럽게 배운다. 기숙사 학교인 한민고에서는 규칙적인 생활 태도의 함양과 24시간 친구들과 함께 어울리는 공동체 생활을 통해 올바른 인성을 증진한다. 또한 사감 선생님과 식당에서 음식을 해 주시는 분들께 감사한 마음을 적극적으로 표현하며 함께 살아가는 참다운 의미를 배우고 있다. 즉, 학생들은 함께 생활하며 상호 존중과 신뢰를 바탕으로 인격적으로 성장한다.

한민고는 그 어떤 학교보다 등굣길이 짧은 곳이다. 학생들의 집이 되어 주는 기숙사와 교실이 있는 본관 건물이 서로 맞붙어 있기 때문이다. 이렇게 짧은 등굣길이어도 비가 오는 날에는 우산이 필요하다. 그리 긴 길은 아니기에 대부분 그냥 비를 대충 맞으며 뛰어가는 선택을 해 버리는 경우가 많다. 이런 상황을 대비해 학교에서는 학교 예산으로 학생들이 공용으로 쓸 수 있는 우산을 준비했다. 기숙사 현관에는 우산 보관함이 있고, 그 보관함에는 학교에서 준비한 우산 1천여 개가 꽂혀 있다. 비가 오는 날이면 학생들은 기숙사에서 나올 때 대형 우산을 하나씩 꺼내서 학교 본관으로 이동하고, 다시 본관 건물 앞 보관함에 꽂아 둔다.

그렇다면 우산을 정리하고 다시 운반하는 일은 누가 할까? 학생들이 스스로 조직한 봉사동아리 학생들이 하고 있다. 자발적으로 지원한 동아리 학생들이 사용한 우산들을 깔끔하게 정리하여 다시 보관함에 꽂고 옮기는 일을 직접 한다. 더욱 감동인 점은, 이 모습을 보고 누가 시키지 않아도 모든 학생이 자신이 사용한 우산은 잘 정리해 둔다는 것이다. 이와 같은 맥락으로, 한민고등학교 교정을 둘러보면 그 흔한 과자 봉지 등의 쓰레기도 거의 없다. 서로를 배려하고 규정을 잘 준수하는 학생들의 인성이 잘 드러나는 지점이다.

또 한민고에는 합창부, 오케스트라단, 댄스부, 치어리딩단, 클래식 악기부, 힙합 동아리, 밴드부 등 다양한 공연 동아리가 있다. 오랜 기간 열심히 준비한 기량을 무대에서 발휘하고 싶은 욕구를 가진 학생들이 많아서 학교 곳곳에서 게릴라 콘서트가 열린다. 아마 이처럼 많은 공연이 열리는 학교도 드물 것이다. 특히 소강당, 야외 공연장, 체육관, 급식소 앞 벤치, 중앙 현관 등이 길거리 버스킹의 메카가 된다. 주로 저녁 식사 시간을 이용하여 30분 정도 진행되는 이 공연들에는 공부하느라 바쁘고 시간이 없어도 꼭 참석해서 즐기고 격려하는 관객들이 있다. 공연을 준비하고 발표하는 것도 열정이 필요하지만, 이를 지켜보고 즐기는 관객의 열정도 수많은 게릴라 공연이 이루어질 수 있는 중요한 동기이다. 공연자들의 노력을 알아주고 이를 더욱 값지게 만들어주는 것은 동료이자 친구들의 뜨거운 응원이다.

서로의 다양성을 이해하고 상호 존중할 줄 아는 능력은 단기간에 거저 얻을 수 없는 소중한 재산이다. 다른 사람들과 원활한 소통과 협력을 이끌고, 갈등을 해결하며 긍정적인 관계를 유지할 수 있는 올바른 인성과 감성 지능은 미래 사회에서 더욱 가치 있는 역량으로 빛날 것이다.

고마운 한민에 다가서기

6기 백주연(서울대학교 의예과 재학)

학교 다녀오겠습니다

매주 빠지지 않고 챙겨보는 최애 예능 프로그램 〈학교 다녀오겠습니다〉에서 한민고등학교 편이 방영되었습니다. TV 속에서 새벽같이 일어나 운동을 하며 누구보다 일찍 하루를 시작하고, 야간까지 전교생이 모두 정자세로 집중하여 자습하는 학교 분위기를 보며 저런 곳에서 공부하고 싶다는 막연한 목표가 생겼습니다. 또한 깔끔하게 정돈된 시설들, 그리고 친구들과 소소하게 대화하며 일과를 함께 마무리하는 모습은 기숙사 학교에 대한 로망을 심어주기에 충분했습니다. 한민고에 대해 처음 알게 된 이듬해, 중학교 1학년 때 담임 선생님의 적극적인 추천에 힘입어 한민고 진학 목표를 굳게 다졌습니다.

일반 자녀 전형의 경우 합격선이 매우 높았기 때문에 목표를 이루기 위해 중학교 3년 동안 끝까지 내신 관리에 전념했습니다. 모든 과목에 있어서 지필 고사뿐 아니라 수행평가까지도 항상 최선을 다했습니다. 3년 동안 포기하지 않고 끝까지 달릴 수 있었던 원동력은 한민고에 오고 싶다는 굳은 목표였습니다.

내 편을 얻다

피나는 노력 끝에 한민고 입학이라는 큰 목표를 결국 달성했습니다. 하지만 그것은 끝이 아닌 시작이었고 더 많은 퀘스트가 기다리고 있었습니다. 고등학교에 들어오면서부터는 본격적인 등급 싸움이 시작되었습니다. 옆에 있는 친구를 이겨야만 한다는 생각을 가졌습니다. 그 누구한테도 져서는 안 된다는 강박 속에서 저 자신을 끊임없이 채찍질했고 첫 시험을 본 결과 전교 1등이 될 수 있었습니다. 하지만 제가 저를 계속 괴롭히고 갉아먹고 있다는 사실을 간과하고 있었습니다. 그 결과 어느덧 저는 지쳐서 슬럼프를 겪게 되었습니다.

매일매일 반복되는 똑같은 일상 속에서 친구들이 모두 적으로 보이는 이 무한경쟁의 굴레에서 벗어나고 싶어서 전부 다 포기하고 싶다는 생각만으로 머리가 꽉 차 있었습니다. 담임 선생님과 상담을 할 때마다 정말 많이 울었습니다. 그때마다 선생님께서 휴지를 건네 주시며 위로해 주셨습니다. 선생님께서 잘하고 있다고 토닥여 주실 때 세상엔 저 혼자가 아니고 제

편이 있다는 것을 느꼈습니다.

기숙사에 돌아오니 룸메이트 친구들이 네가 1등을 못 했다면 본인이 더 억울했을 것이라며, 그만큼 열심히 달렸던 제 노력을 알아 주고 그 누구보다도 많이 축하해 주었습니다. 주변 사람들 덕분에 저는 다시 일어나 스스로에 대한 불신과 강박을 내려놓을 수 있었습니다. 저 자신을 긍정하고 제 능력을 확신할 수 있게 되었습니다. 일과를 마치고 기숙사에 돌아와서 친구들과 오늘 힘들었던 일, 속상했던 일을 얘기하면서 툴툴 털고 나면 다음 날 기분 좋게 눈뜰 수 있었습니다. 가끔 과자를 먹으며 친구들과 조잘조잘 떠들던 소박한 일상은 수없이 반복되어도 좋기만 한 특별한 추억이었습니다.

한민고는 기숙사 학교이다 보니 하루의 처음과 끝을 친구와 함께하고, 학급 친구들과 오랜 시간 동안 같은 공간에서 공부하고 생활합니다. 학생들이 자발적으로 학습 분위기를 조성하여서 심야 시간, 주말, 심지어 방학까지 함께 모여 공부했습니다. 만약 기숙사에 살지 않았다면 해이해졌을지도 모릅니다. 의지할 수 있는 친구들이 있어서 버틸 수 있었습니다.

서로에게 모두 마이너스일 때 우리는 경쟁 관계라고 합니다. 하지만 한민고 학생들만큼은 대입이라는 시합에 함께 뛰어드는 같은 편이었습니다. 서로가 서로에게 긍정적인 자극제가 되고, 힘들어하는 친구가 보이면 아픔에 공감하며 그를 위로하고, 함께 나아가는 공생 관계입니다. 전원 의무 기숙사이고, 한 두 달 간격을 두고 귀가해야 하는 체제가 너무 힘들 것 같아서 한민고등학교 진학을 망설일 수도 있습니다. 하지만 오히려 함께 동고동락하며 평생 친구를 사귈 수 있는 것이 한민고등학교의 가장 큰 장점이자 정체성이라고 자부하고 싶습니다.

고3이 되고야 말았다

애써 외면하려 했지만 피할 수 없는 현실, 고등학교 3학년이 되었습니다. 쉬는 시간 없이 온종일 사그락사그락 글씨 쓰는 소리만 가득한 대형 자습실에 들어섭니다. 잠시 쉬려고 고개를 들었을 때 미동도 없이 집중하고 있는 주위 친구들을 보며 더욱 자극을 받고 자투리 시간도 최대한 아껴 쓰게 되었습니다. '이렇게 계속 공부해 나가면 되겠지'라고 생각했지만 저도 모르는 사이에 이미 몸과 마음은 많이 무너져 있었던 것 같습니다.

혼자 공부를 하면서도 울고, 잠들기 전에도 울었습니다. 담임 선생님과 상담하거나 엄마랑 통화를 할 때도 눈물이 났습니다. 심지어 힘내라는 종례 시간 말씀에도 펑펑 울기까지 했습니다. 목표로 했던 연세대학교 불합격 소식을 들었을 땐 모든 걸 포기하고 싶어졌습니다. 그때 제 곁을 지켜 주시는 선생님들이 안 계셨으면 일어서지 못했을 것입니다. 수능 날에 가까워지면서부터는 몸도 성한 날이 없었습니다. 매일 소화가 안

되고 머리가 아프고 힘들었습니다. 새벽 2시쯤 갑자기 배가 너무 아픈 날이 있었는데 사감 선생님께서 응급실에 데려다주시고 아침까지 곁을 지켜 주셨습니다.

돌이켜 보면 우리 학교 학생들이 좋은 성과를 낼 수 있는 것은 정해진 시간표대로 많은 시간을 공부해서도 있겠지만, 매 순간 함께하는 친구들과 선생님들이 계셨기 때문이라고 생각합니다. 한민고등학교는 다른 학교에서는 경험할 수 없는 가족과 같은 생활을 하는 곳입니다. 수험 기간 내내 힘든 순간도 많았지만 이곳에서 좋은 인연들을 만날 수 있어서 충만히 행복했습니다.

대학에서도 유용한 한민고의 기억

졸업하고 대학을 다니는 지금까지도 한민고에서 쌓았던 지난 추억들이 많이 떠오릅니다. 특히 한민고에서 했던 다수의 활동이 생각보다 대학에서 유용하게 쓰여서 깜짝깜짝 놀라곤 합니다. 고등학생 때 발표를 많이 해서 정말 힘들었는데 대학에 와 보니 모든 수업이 말하기와 토론 방식이었습니다. 그 모든 것이 지금을 위한 준비였던 것인가 생각이 들 정도입니다.

의예과는 본과에 들어가기 이전에 사회적 책임을 다할 수 있는 윤리 의식을 함양하는 시기입니다. 아직 전문적인 의학 지식과 의술을 배우는 단계는 아니지만 다양한 사람들과 만나면서 의사소통과 공감 능력을 키우고 소양을 쌓으며 가치관을 정립합니다. 이를 위해 서울대학교 의예과 신입생들은 전공과목인 의예과 신입생 세미나 강의에서 매주 코로나, 장기이식, 인간관계 기술 등 다양한 주제에 대하여 동기들, 교수님들, 그리고 전문가들과 토의하는 시간을 가집니다.

저는 이미 고등학교에서 이미 이런 프로그램을 맛보았고 익숙한 상태였습니다. 바로 '아주한(아낌없이 주는 한민)'이라는 프로그램입니다. 아주한에서는 각 분야의 전문가를 모셔 강의를 듣고 자유롭게 질의하고 토의하는 시간을 갖습니다. 프로그램 제목처럼 강연자분들께서 학생들의 눈높이에 맞추어 애정 어린 조언과 도움을 아끼지 않으셨으며 이 시간은 너무나도 긍정적이고 소중한 자극제가 되어 방향성을 정립하는 데 큰 도움이 되었습니다.

또한 고3 때 들었던 고급 생명과학의 내용이 대학에 와서까지 도움이 되었습니다. 연세대학교와 고려대학교 제시문 면접을 준비할 때 고급 생명과학 시간에 배운 심화 지식과 예시를 활용한 것이 다른 수험자와 구별되는 특별한 나의 전문성과 깊이를 보여 주는 데 도움이 되었습니다. 또한 대학에 입학한 후에 의예과 권장 과목인 생물학 강의를 들으면서 고급 생명과학 교과서를 챙겨 두지 않은 것을 뼈저리게 후회했습니다. 수업시간에 배운 내용이 대학 수업 자료에 영문으로 빼곡하게

적혀 있었습니다. 그 자료를 참고했다면 훨씬 수월했을 것 같
다는 생각이 들었습니다. 여러분도 교과서나 정리 자료는 버리
지 말고 갖고 있기를 바랍니다.

고마운 한민에 다가서기

어느 날 고등학교 친구가 '한민 어나더 클래스'라는 프로그
램에 참여해 후배들을 가르친다는 이야기를 들었습니다. 생각
하면 할수록 제가 이렇게 목표를 이루고 다양한 사람과 자신
있게 소통하며 지낼 수 있었던 것은 한민고에서 여러 사람이
도와줬기 때문이라는 것을 더더욱 깨닫고 감사하게 됐습니다.
이제 제가 그동안 받은 도움을 보답하고 후배들을 도울 좋은
기회가 되겠다는 생각이 들어서 한민 어나더 클래스의 멘토로
지원했습니다.

한민 어나더 클래스는 주 2회, 두 시간씩 졸업생 멘토와 재
학생 멘티들과 조를 이뤄 학업적 도움을 주는 프로그램입니다.
저는 학생들이 어려워하는 수학 교과를 담당했습니다. 학교 특
성상 학원에 다니기 어려워서 모르는 부분을 바로바로 해결하
기에는 한계가 있습니다. 이러한 어려움을 너무 잘 알고 있었
기에 어려움에 처한 후배들을 도와주고 싶었습니다.

저는 2개 조를 맡아 총 6명의 학생과 매주 주말 오전 8시부

터 12시까지 수업을 진행하고 있습니다. 주말 오전 시간은 학생들의 긴장이 풀려서 시간을 허투루 보내기 쉬운 시간인데 어나더 클래스를 통해 일찍 일어나 이 시간을 활용하여 공부 효율을 극대화할 수 있습니다. 또 실력이 비슷한 친구들끼리 묶어서 조를 구성하여 수업 진행이 수월했고, 멘토가 졸업생이니만큼 학교 수학 수업 특성에 맞춘 수업이 가능했습니다. 또한 선배로서 시간 관리나 슬럼프 극복 방법 등 전반적인 학교생활 관련해서도 조언해 줄 수 있었습니다. 코로나 상황과 맞물려 온라인으로 수업이 진행되어 수업의 효율이 떨어질까 걱정이 되기도 했지만, 이번에도 역시나 선생님들께서 늘 멘토들의 의견을 존중하고 건의 사항을 즉각 반영해 주셨습니다. 학생들 역시 적극적으로 시간과 장소 협의에 힘써 주는 등 각자의 자리에서 노력하는 모습을 보니 제가 더 성실하고 책임감 있는 태도로 임해야겠다고 다짐하게 되었습니다.

이 일을 해 보니, 내가 공부를 하는 것보다 다른 사람에게 지식을 가르쳐서 이해를 돕는 일이 더 어렵다는 것을 느꼈습니다. 다른 사람에게 가르치기 위해서는 개념을 이해하고 풀이하는 능력뿐 아니라 수업을 듣는 학생의 상황이나 능력 등에 대한 전반적인 이해도 필요했습니다. 가르치는 과정에서 저 역시 배움을 얻을 수 있었던 시간이었습니다. 아이들이 헷갈리고 어려워하는 부분이 있다면 설명 방식을 바꾸는 등 의견을 수용하며 보완했고, 다른 사람의 의견이 더 훌륭할 때는 기꺼이 반영하는 등 겸허한 자세로 배워 나갔습니다.

일대다로 진행되는 방식의 단점을 보완하고 멘티 개개인을 존중하며 공감하기 위해 질문에 골고루 대답해 주고 수업에 모두 참여할 수 있도록 노력했습니다. 준비하는 시간까지 포함하면 상당한 노력과 시간이 소요되고 높은 책임감이 요구됩니다. 중간중간 몰아치는 과제와 수업을 병행하느라 바쁘고 힘들 때도 있지만 후배들을 만나고 가르치면서 느낀 보람이 더 커서 앞으로도 계속 멘토 활동을 이어가고 싶습니다. 특히 제 수업을 듣고 다음에도 같이 공부하고 싶다는 후배들의 이야기를 듣고 울컥할 만큼 감동을 받기도 했습니다. 많이 부족하지만, 앞으로도 후배들의 학교생활에 작게나마 도움을 줄 수 있는 선배가 되고 싶습니다.

Connecting the dots
- 한민고에서의 작은 날갯짓이 큰 꿈으로 모이기까지

3기 장은희(가톨릭대학교 국사학과 재학)

'Connecting the dots!'

전혀 관련이 없어 보이는 점들을 이어서 하나의 유기적인 관계를 만들어 나가는 것. 저는 이것이 한민고에서의 생활을 집약적으로 가장 잘 나타내는 문장이라고 생각합니다. 수능 끝나고 면학실을 정리하며 한민고에서의 3년을 마무리할 때 저는 이 문장이 문득 떠올랐습니다. 2학년 담임 선생님께서 해주신 말씀이었는데, 그때는 별생각 없이 듣고 지나쳤던 말인데 졸업할 때쯤에서야 모든 것이 하나로 모이면서 저는 큰 깨달음을 얻었습니다. 입학 후 혼란스러웠던 때부터 엄청난 양의 공부와 다양한 활동을 병행하며 버거웠던 시간까지, 저를 비롯한 모든 학생이 같이 겪은 과정입니다. 그런데 되돌아보니 이 모든 것들은 제 꿈을 준비하기 위한 점들이었습니다.

아직 겨울이 채 가시지 않은 듯한 추운 날, 저는 한민고에 첫발을 내디뎠습니다. 처음 겪어보는 기숙사 생활, 처음 만나는 친구들 등 모든 게 낯설었습니다. 그리고 본격적으로 새 학기가 시작되기 전의 미묘한 긴장감에 설레기도 하면서 한편으로는 걱정되는 마음이 컸습니다. 학교생활은 상상했던 것처럼 마냥 즐겁지는 않았습니다. 매일 같은 시간에 일어나 아침 점호로 하루를 시작했고, 똑같은 일상 속에서 가끔은 답답함을 느꼈습니다. 그러나 이러한 생활에 적응하면 할수록 그 속에서 이따금 사소한 즐거움이 보이기 시작했습니다. 날씨가 좋으면 테라스에 나가 친구들과 급식을 먹기도 하고, 한 번씩 너무 피곤한 날의 저녁 면학 시간에는 옆자리 친구에게 '사감 선생님이 오시면 깨워 달라'며 부탁하고 엎드려 쪽잠을 자던 날도 있었습니다. 온종일 같이 생활하기에 모든 친구에게 '내적 친밀감'을 느꼈습니다. 말을 섞어본 적 없는 친구라 하더라도, 기숙사와 동아리, 방과 후 수업 등등 서로서로 가까워질 만한 연결고리가 너무나도 많았기 때문입니다. 덕분에 졸업한 이후에도 '한민고등학교' 졸업생이라는 말만 들려도 괜히 반가운 마음이 들곤 합니다.

　모두가 그렇듯, 늘 행복한 날만 있던 것은 아니었습니다. 대한민국에서 고등학생으로서 보내는 3년이라는 시간은 어느 때보다 무거운 시간일 것입니다. 진로를 결정하고 인생의 큰 사건 중 하나인 대입을 준비하는 시기이기 때문입니다. 저 또한 여느 고등학생과 다를 바 없었습니다. 중학교 때에 비해 현저하게 낮아진 성적. 스스로는 열심히 노력한다고 생각했지만 이미 주위 친구들도 그 이상의 노력을 하고 있다는 것을 알아챈 뒤의 허무함. 한동안은 '내가 한민고에 온 게 과연 옳았던 걸까?'라며 제 선택에 대한 의문을 가지기도 했습니다. 심지어 제가 가고자 했던 분야에 대한 의구심도 피어났습니다. 초등학교 5학년 때 저는 독도로 체험학습을 간 적이 있습니다. 독도에 첫발을 내디딘 후, 저는 책에서만 보던 독도가 눈앞에 있다는 사실에 한참을 가만히 서 있었습니다. 동시에 역사는 '책으로만 볼 수 있는 옛날의 기록'이라는 편견이 깨졌습니다. 역사는 멈춰버린 과거의 것이 아니라, 현재를 살아가는 우리와 함께 숨을 쉰다는 것을 마음 깊이 느끼게 되었습니다. 이 사실을 깨달은 저는 우리 역사를 제대로 공부하고 싶다는 강한 의지가 생겼습니다. 그 다짐은 제가 고등학교에 진학할 때까지 계속되었습니다.

한민고에 와서 치른 첫 시험에 저는 좌절하고 말았습니다. 인생에서 받아 보지 못한 처참한 성적표 앞에서 어찌할 바를 몰랐습니다. 그래도 나름대로 자신 있어 하던 한국사도 예외가 아니었습니다. 처음으로 이 길이 나와 맞지 않을 수도 있겠다는 생각이 들었고, 그렇다면 이제부터 어떤 길을 다시 찾을 수 있을지 고민하는 막막한 날이 계속됐습니다. 하지만 역사에 대한 저의 사랑은 쉬이 식지 않았습니다.

제가 모은 첫 번째 dot은 바로 '한판'이라는 한국사 동아리 활동입니다. 한판은 한국사와 관련된 학술 활동, 답사 등을 진행하던 동아리였습니다. 어느 날, 우리 동아리에서 울릉도와 독도를 탐방할 계획이 있다는 소식을 들었습니다. 너무나 그립고 가고 싶은 곳이었기에 설렘 반, 혼란스러운 마음 반으로 탐방 자료를 준비했습니다. 저희는 탐방을 떠나기 전 관련 정보를 수집하고 정리한 자료집을 만들었습니다. 그리고 그 과정에서 저는 다시 한번 깨달았습니다. 저한테 역사만큼 즐거운 공부가 없다는 것을 말입니다. 그렇게 불확실한 미래에 대한 걱정은 떨쳐버린 채, 저는 누구보다도 즐겁게 탐방 준비에 몰입했습니다.

드디어 다시 찾은 독도! 저는 그곳에서 처음 방문했을 때 다졌던 마음가짐을 다시 떠올릴 수 있었습니다. 동시에 전에 왔을 때는 보이지 않던 것이 보이기 시작했습니다. 독도 곳곳을 지키고 서 계신 독도경비대의 모습을 보자 자료집을 만들며 공부했던 독도의용수비대가 떠올랐습니다. 독도의용수비대는 1950년대에 울릉도 주민들이 독도를 일본의 무단침입으로부터 지키기 위해 결성했던 민간 조직입니다. 독도의용수비대는 독도의 영유권을 확립하고자 독도에 초소와 등대를 지어 활동했습니다. 열악한 환경에도 포기하지 않고 독도를 지키려던 의지는 독도경비대 창설의 기틀을 마련했습니다. 이후 독도의용수비대는 국립경찰 소속의 독도경비대에 임무를 넘김으로써 활동을 마무리합니다.

학교로 돌아온 저희는 독도와 독도의용수비대에 대해 알리고, 학생들의 역사의식을 고취할 방법을 고심했습니다. 이윽고 카드 뉴스를 만들어 독도에 대한 정확한 정보를 전달하기로 합니다.

"젊은이들이 독도를 지키지 않으면 누가 지키겠는가?"

독도의용수비대 대장이었던 고(故) 홍순칠 대장의 한 마디였습니다. 저희는 이 말이 현재를 살아가는 우리에게도 적용된다고 느꼈습니다. 이에 독도의용수비대의 사진과 간략한 소개를 카드 뉴스에 넣고 프린팅했습니다. 덧붙여 독도로 무단침입한 일본 순시선을 격퇴한 사건, 그 이후로도 이어진 의용수비대와 일본 간의 충돌한 사건 등을 다루었습니다. 그리고 대한민국을 살아가는 젊은이로서, 독도를 사랑하는 마음과 동시에 독도의용수비대의 노고를 기억하자는 메시지를 전달하며 마무리했습니다. 이후 카드 뉴스를 들고 열심히 홍보하며 의용수비대를 격려하는 편지쓰기 캠페인을 진행했습니다.

이 활동을 하며 저는 그 어떤 때보다도 큰 보람을 느꼈습니다. 그 후 저는 보다 구체적이고 단단한 목표를 갖게 되었습니다. 단순히 역사를 사랑하고 공부하는 것을 넘어서 제대로 된 역사 지식을 갖춘 후 다른 사람들에게 널리 알리는 일을 하고 싶어졌습니다. 제 꿈을 이루기 위해 저는 작지만 큰 활동들을 시작해 나갔습니다. 저는 사람들에게 어떻게 하면 역사를 쉽고 재미있게, 효과적으로 알릴 수 있는지 그 방법을 주로 고민했습니다. 고민 결과 또래 친구들에게 가장 효과적으로 메시지를 전달할 만한 방법으로 '미디어'의 활용이 최선이라는 결론을 내렸습니다. 그리고 이를 위한 훌륭한 '콘텐츠'의 마련이 가장 중요하다는 것을 깨달았습니다.

콘텐츠를 활용한 미디어 역할을 쉽게 배울 수 있었던 것은,

TV에서 인기리에 방영되는 사극이었습니다. 책에서 한두 줄로 기술된 역사적 사실을 극화하여 장면으로 보여 주는 것, 새롭게 해석하되 역사를 왜곡하지 않는 선에서 극적으로 구성하는 드라마를 보고 깊은 인상을 받았습니다. 우리가 아무리 중요하다고 울부짖어봤자 대중의 관심을 받지 못하면 영원히 잊히는 것이 역사입니다. 역사 콘텐츠가 바로 역사를 다양하게 바라볼 수 있는 넓은 시야를 갖게 해 주고, 역사에 대한 지속적인 관심을 가질 수 있는 중요한 열쇠라고 생각했습니다. 이에 저는 본격적으로 콘텐츠를 직접 제작하기 시작했습니다. 영상편집 프로그램을 공부하기 시작했습니다.

여기서 저는 두 번째 dot을 모을 수 있었습니다. 미디어 제작을 공부하다 보니 욕심이 생겨 학교 학생회의 미디어통신부에 지원하여 활동하게 됩니다. 한민고 학생회의 특징을 한 문장으로 정의하자면, 굉장히 주도적이고 자율적이라는 것입니다. 한민고의 학생회는 학교 축제를 비롯한 학교생활 전반의 것을 직접 기획하고 추진합니다. 그리고 그 기획안 내용을 학교생활에 적용하여 실행하는 일까지가 학생부의 일이었습니다. 또한 매년 새로운 학생회가 구성되면 기존의 사업을 유지하면서도 자신만의 고유한 색을 입힌 정책을 새롭게 펼치는 모습을 보였습니다. 이러한 점에서 한민고의 학생회는 다른 학교의 학생회 활동보다 조금은 힘들 수 있습니다. 하지만 보다 진취적이고 주체적으로 일을 진행할 수 있으며 그 안에서 배울 점이 많이 있습니다.

학생회 활동은 힘들었지만, 단시간 내에 크게 발전할 수 있던 기회도 되었습니다. 그전까지 저는 'Window 무비 메이커' 말고는 다른 영상편집 방법이 있는 줄도 몰랐습니다. 학생부 활동을 하면서 열심히 다양한 영상편집 프로그램을 익히게 되었습니다. 포토샵과 애프터 이펙트, 프리미어프로 등 다양한 프로그램을 접할 수 있었는데 처음이다 보니 무작정 이것저것 눌러보고 인터넷을 찾아가며 공부해야 해서 늘 고난의 연속이었습니다. 하지만 갖은 시행착오 끝에 제 나름의 콘텐츠 제작 비법이 생겼고, 친구들과 이를 활용하여 다양한 대회에 영상물을 제작하여 참가하였습니다. 그 결과 한글날 기념으로 한글날 세종대왕기념사업회에서 주최하는 '한글사랑 UCC 제작 대회'에 참가하여 상을 받기도 했습니다. 오랜만에 그때 만들었던 콘텐츠들을 다시 보니 많이 부족하고 엉성한 점이 보여서 부끄러웠습니다. 하지만 제가 사랑하는 '역사'를 같이 사랑하는 친구들과 함께 공부하고 새로운 것을 만들어 내던 즐거움은 아직도 제 가슴 속에 생생한 느낌으로 남아 있습니다. 그때의 어설펐던 움직임이 모여 지금의 저를 만들었다고 생각합니다.

그렇게 크고 작은 점들을 모아 드디어 저는 국사학과에 입학하게 되었습니다. 국사학과의 전공 역사 수업은 크게 시대, 주제에 따라 분류됩니다. 그중 본인이 관심 있는 강의를 선택하여 수강하면 되었는데, 저는 국제관계학과 현대사 수업에 관심이 갔습니다. 특히 학창 시절에 깊이 배울 수 없어서 아쉬웠던 현대사를 더욱 즐겁게 공부할 수 있었습니다. 대학교에서의 공부는 책을 읽고 외우는 것에서 끝나지 않았기 때문입니다. 다른 교과도 그렇겠지만 특히 역사학은 다양한 자료를 찾아 사건과 사건 사이의 유기 관계를 파악하는 것이 중요했습니다. 또한 책과 자료를 그대로 받아들이는 것이 아니라 나름대로 이를 분석하고 비판하는 능력이 필요했습니다. 이 과정에서 한민고등학교에서 했던 활동들이 큰 도움이 되었습니다. 수업 시간과 동아리 등 여러 활동에서 자신만의 관심 주제를 잡고 탐구를 진행했던 경험, 다른 학생들과 토론을 진행했던 경험을 통해 대학교에서도 즐겁게 전공 공부를 할 수 있었던 것 같습니다.

덧붙여 지금도 역사 콘텐츠를 통해 '사람들과 역사 사이의 벽을 허물자'라는 것을 목표 삼아 미디어기술콘텐츠학을 복수 전공하여 공부하고 있습니다. 그리고 대학교에서 공부한 내용을 바탕으로 조선 시대의 유배문화와 우리 역사 속 전통적인 기생 등 다양한 주제의 역사 콘텐츠를 제작하고 있습니다.

가끔 제가 '한민고에 진학하지 않았더라면 어땠을까'하는 상상을 하곤 합니다. 사실은 학교생활이 쉽지는 않다 보니 재학 중에도 그런 생각을 꽤 하곤 했습니다. 그러나 졸업하고 나서 이제야 생각해 보면, 제가 만약 한민고에 오지 않았다면 아마 지금의 저는 꽤 다른 모습이었을 것 같습니다. 한민고에는 각자의 관심 분야에 맞는 다양한 프로그램이 마련되어 있습니다. 그 덕분에 저는 다른 곳에서는 할 수 없는 새로운 경험을 할 수 있었습니다. 무엇보다도 이 모든 시간을 무사히 지나올 수 있었던 데에는 친구들의 영향이 매우 큽니다. 어찌 보면 한민고등학교는 외부와 단절된 환경이라고 말할 수 있겠습니다. 제한된 공간과 상황 틈에서 발견한 소소한 재미를 함께한 친구들과의 기억이야말로, 앞으로의 인생에 있어서 가장 큰 추억이자 원동력이 될 것입니다. 이에 덧붙여 무엇보다도 항상 학생들을 믿고 지지해 주시는 선생님들이 계셨기에 제가 한 단계 더 성숙할 수 있었습니다. 난항에 빠져 어려움을 겪고 있을 때마다 세상을 보는 새로운 방법을 제시해 주시고, 다양한 탐구와 대회 참여를 할 때마다 힘드실 텐데도 불구하고 저희가 얼마든지 참여할 수 있도록 적극적으로 도와주셨습니다. 덕분에 저희는 많은 도전과 경험을 누릴 수 있었고 한민고가 결코 외부와 단절된 곳이 아니도록 만들어 주셨습니다.

어느덧 졸업한 지 꽤 오랜 시간이 지났지만, 아직도 한민고에서의 기억은 제게 끊임없는 원동력으로 작용하고 있습니다. 저에게 그러했듯, 한민고등학교가 모두의 기억에 따뜻한 공간으로 남기를 바랍니다!

PART 2

교육의 미래, 미래의 교육:
무한한 가능성을 펼쳐라

다양한 사회 문화적 경험으로
발전하는 창의적 인재

세상은 넓고 가능성은 무한하다

초등학생에게 장래 희망을 물어보면 선생님, 과학자, 의사, 연예인 등을 떠올린다. 최근에는 유튜브 크리에이터도 인기 직업으로 꼽히고 있다. 이 시기의 아이들이 생각할 수 있는 직업은 어느 정도 한정적이다. 물론 꿈 자체는 얼마든지 넓게 상상하고 꽃피울 수 있다. 하지만 아직 세상에 얼마나 다양하고 세분화한 직업군이 있는지 몰라 구체적으로 떠올릴 수 있는 테두리는 그렇게 크지 않다. 고등학생이 접해 본 세상은 아직은 좁은 데다, 만나는 사람이 한정적이다 보니 어렴풋이 유명한 사람, 성공한 사람, 언론에 자주 나오는 사람들은 자신의 삶과 동떨어진 사람들이라는 생각을 가지게 된다.

다양한 계층과 직업을 가진 명사들은 처음부터 다른 세계에 존재하는 사람들이 아니다. 그들의 삶은 대부분 실패와 고난을 극복하며 성공하는 과정을 겪었다는 공통점이 있다. 뻔하고 진부할 수도 있지만 결국 그것이 유명 인사의 인생뿐 아니라 아이들의 인생을 관통할 진리다. 세상에 수많은 이들이 자신의 길을 개척하고 있는 것처럼 이들의 미래에 놓여 있는 가능성은 무한하다. 누구도, 심지어 자기 자신도 그 가능성을 쉽게 재단해서는 안 된다. 한민고에서는 학생들이 그것을 몸소 깨닫길 바라는 마음으로 분야별 명사를 모셔서 초청 강의를 진행하고 있다. 바로 '아낌없이 주는 한민, 아주한(이하 아주한)'이다.

첫해부터 지금까지 정말 많은 명사의 강연이 한민고 강당에서 진행되었다. 섭외 루트는 다양하다. 명사 섭외가 쉽지 않다 보니 인맥을 최대한 동원하기도 하고, SNS를 통해 구구절절한 메시지를 보내 강연이 성사된 적도 더러 있다. 강연 일정이 정해지면 강연 주제와 명사의 프로필 등을 아이들에게 홍보하여 신청을 받는다. 어떨 때는 학년 전체가 듣기도 하고, 강의 특성에 따라 소규모로 선착순 신청을 받기도 한다. 열정이 넘치는 한민고 학생들 덕분에 강연의 열기가 높아져 명사들의 빠듯한 일정을 맞추기가 어려울 때도 있어서 강연 전 질문을 받아 두기도 하고, 사인을 받을 책을 미리 걷어 두는 등 효율적인 진행으로 강연 시간을 최대한 확보하려고 하고 있다. 나태주 시인은 모든 학생이 열의를 가득 품고 강연에 임하여 시간이 부족해지는 바람에 일부 학생의 사인 요청에만 응하기가 어렵게 된 적이 있었다. 그러자 나태주 시인은 사인을 원하는 모든 학생의 책을 걷어 문학관에서 일일이 사인을 해 주었다. 또, 학생들의 편지에 친히 답장을 보내 주기도 하셨다.

기억에 남는 명사가 매우 많지만, 제일 먼저 기억에 남는 분은 반기문 전 UN 총장이다. 한민고에 '반기문실'이 있다는 이야기를 듣고 직접 방문하여 교육 활동을 격려해 주셨다. '반기문실'은 영어 토론 및 UN 모의 총회를 위한 공간으로 사용하는 공간이다. 이곳에서 국제적 마인드를 기르며 꿈을 키우던 아이들에게 반기문 전 UN 총장의 방문은 막연했던 꿈에 한 발 더 다가가는 멋진 계기가 되었다. 경찰대학교 행정학과 교수이자 범죄과학연구소를 운영하는 표창원 교수는 범죄 심리 분석을 비롯해 다양한 활동을 하는 프로파일러로서, 그동안 접한 다양한 사건 이야기와 더불어 삶의 의미와 방식을 이야기해 주셨다. 2018 평창 동계올림픽 유치를 위해 우리나라를 대표하는 대변인 역할을 했던 나승연 대표가 방문하여 평창올림픽 유치 비하인드 스토리를 들려주기도 했고, 한국사를 가르치는 최태성 강사는 역사를 잊지 않는 자세의 필요성을 비롯해 공부 방법에 대해서도 조언했다.

이 밖에도 불가능에 도전하는 산악인 엄홍길 대장, 아덴만 여명작전의 영웅 석해균 선장, AI 전문가이자 카이스트 명예교수인 김진형 교수 등이 다양한 삶의 자세를 학생들에게 알려 주었고, 가수 인순이 씨가 학생들을 응원하고 위로하는 미니 콘서트를 진행하기도 했다. 〈거위의 꿈〉을 다 같이 열창하던 순간에 느낀 가슴 벅찬 감동은 아이들이 지치고 힘든 순간마다 떠올리게 될 따뜻한 기억으로 남았을 것이다.

한민고에는 '아주한'과 마찬가지로 외부 인사를 초청하는 프로그램은 매우 많다. 수학, 과학 분야별 전공 교수들과 심도 있는 토론을 진행하는 캠프나 포럼 등의 행사가 매년 크고 작게 열리고 있다. '작가와의 만남'을 기획하여 각 분야의 저명한 작가들을 실제로 만나 책과 삶에 대한 강연을 듣기도 한다. 한국인이 사랑하는 시, 〈풀꽃〉의 나태주 시인은 시를 쓸 때 어떤 생각을 떠올리는지와 자기 생각을 글로 정리하는 법 등을 다루었다. 대통령 비서실에 소속되어 연설문을 작성했던 강원국 작가는 좋은 글을 쓰기 위해 놓치지 않고 지키는 생활 습관과 마인드 컨트롤 방법 등에 대해 강연했다.

저명인사가 아니더라도 학생들과 가장 가깝게 수험 생활을 하며 위기를 극복했던 졸업생 선배들이 직접 강연자로 나서기도 한다. 학업과 학교생활 적응, 진로 탐색 등에 어려움을 겪는 재학생들에게 가장 실질적인 조언을 해 줄 수 있는 존재는 어찌 보면 선배들일 것이다. 분야별로 활발하게 활동하고 있는 선배들을 직접 마주한 아이들은 강연을 들으며 자신의 1년 뒤, 10년 뒤의 모습이 어떨지 한층 선명하게 그려 본다. 이를 통해 자신이 구체적으로 무엇을 배우고 싶은지, 무엇을 위해서 공부하고 있는지 알게 되기도 한다. 아직 그 의미를 모르더라도 자신만의 의미를 찾고 싶어진 학생들은 학업 자체를 목표로 두지 않는다. 그것이 꿈을 향해 가는 과정이라는 것을 깨닫는다.

한민고의 명사 초청 강의 시간은 강연 내용 자체에서도 빛나지만, 질의응답 시간에 더욱 빛난다는 평가를 자주 받는다. 강연 중 학생들이 노트북이나 태블릿을 들고 와서 강연 내용

중 인상 깊은 내용을 기록하고 깊이 있는 질문을 쏟아낸다. 명사 초청 특강은 명사의 역할도 중요하지만, 한민고에서는 학생들이 만들어가는 강연이라는 점이 커다란 차별점을 갖고 있다. 학생들이 강연을 듣는 열정적인 태도에 감동을 받은 명사들은 학교에 다시 찾게 되고, 아이들에게 이메일로 질문을 받아 꼼꼼하게 답변을 전해 주기도 한다. 이랜드 서비스의 대표이자 《밸런스》의 저자인 이인석 대표 역시 강연을 왔다가 반짝이는 아이들의 모습에 깊은 인상을 받고, 학교에 다시 방문하여 전교생에게 맛있는 수박을 선물하기도 했다.

지난 10년간 학교에 방문한 명사는 앞서 떠올린 분들만 있는 것이 아니다. 최근 1~2년 안에 다녀간 명사만 헤아려도 몇십 명이 넘는다. 한민고등학교 홈페이지에 방문하면 학교를 찾은 명사와 강연 현장 사진 등을 볼 수 있다. 기업가, 탐험가, 언론인, 법조인, 예술인, 군 제독 등 각 분야에서 성공한 사람의 삶의 이야기에는 저마다의 힘이 있다. 어려운 상황을 겪고 있는 아이들에게는 위로와 희망이 될 수 있고, 자신의 진로를 고민하고 있던 아이들에게 커다란 동기 부여가 되어 줄 수도 있다. 그렇다고 모든 학생에게 매번 강연이 커다랗고 거창한 영향을 끼치지는 않을 것이다. 하지만 성공한 사람을 계속 만나고 그 삶을 들여다보면 한 번쯤은 가슴에 울림을 주는 순간을 경험할 수 있다. 강연을 통해 단 한 명이라도 그러한 감동과 자극을 받았다면 그 한 명에게는 인생의 커다란 터닝포인트가 될 수 있다. 청소년기부터 이러한 울림을 느낀 경험을 해 본다면 깊이 있게 생각하고 멀리 바라보는 힘을 기를 수 있으며, 나아가 삶에 대한 도전 의식을 갖는 기회가 될 것이다.

직접 계획하고 체험하는 해외 탐방

아이들은 학교 안에서 또래 친구들과 공동체를 이루며 작은 사회를 이미 배우고 경험하고 있지만, 바깥의 더 넓은 세상을 접했을 때 새롭게 배울 수 있는 것은 더욱 무궁무진하다. 특히 국내외로 여행을 떠나 보면 교실에서는 배울 수 없었던 것을 깨달으며 학생들이 훌쩍 성장하는 것을 느끼게 된다.

그런 의미에서 국내외 체험학습이나 해외 대학 탐방도 한민고의 중요한 프로그램 중 하나다. 단순히 해외에 나간다고 하면 해외 관광을 간다고 생각할 수 있지만, 그보다는 현지 언어 적응력을 키우고 현지 문화에 대한 이해도 높이기를 목표로 하여 현지인과 만나 다양한 문화를 체험할 수 있는 시간이다. 아이들은 선진 교육 현장을 견학하고 다양한 해외 문화를 체험하며 학습하면서 국제적인 안목과 경쟁력을 가지게 된다. 그래서 현지 상황 및 행사 내용을 단순히 보고 접하는 수준을 넘어, 프로그램 후에도 후속 활동을 지원하고 격려하여 지속적인 연구 활동으로 이어질 수 있도록 교육하고 있다.

특히 한민고에서는 학생이 몸소 자신의 체험학습지와 활

동 등을 구상하고 선정하여 수동적인 체험이 아니라 능동적으로 프로그램을 직접 기획하고 만드는 기회를 제공한다는 점이 특별하다. 보통 고등학생 때 수학여행 등으로 현장 체험학습을 다녀와도 시간이 지나면 어디에 가서 무엇을 봤는지 기억이 흐릿해지는 경우가 많다. 아무래도 개개인의 필요보다는 학교에서 정한 일정에 따라 패키지 여행처럼 움직이니 현장에서 체험하는 부분을 자신에게 필요한 만큼 적극적으로 녹여 내기 어려울 수 있다.

그래서 한민고의 체험학습은 실제 학생을 대상으로 공모전을 실시해서 채택하고 보완하는 과정을 거친다. 학생들이 직접 경험하고 싶은 국가를 정하고 루트를 짠다. 물론 시간 배분이나 동선 문제 등에 있어서 여러 시행착오가 있을 가능성 역시 배제할 수 없어서 실질적인 동선에 대해서는 각국에 파견된 국방무관이나 여행사 등 현지 이해도가 높은 관계자들의 조언도 많이 받는다. 그 후에 지역을 확정하여 사전 답사 후 체험학습을 다녀오고, 결과 보고서를 작성하고 발표하는 시간을 갖는다. 반별로 가거나 동아리별로 가는 등 체험학습의 형태는 매년 조금씩 바뀌지만, 언제나 활동 내용에 아이들의 의견을 중요하게 반영한다는 점은 같다.

이처럼 직접 의견을 내어 체험학습 프로그램을 기획하면 학생에게 있어서 해외 체험학습을 단순히 놀러 나가는 것이 아니라 진지한 학습과 경험의 기회로 생각하는 소중한 계기가 된다. 우리나라의 교육 현실에서는 학생들이 스스로 결정하고 그것을 실행에 옮길 만한 기회가 다소 부족하다. 독립성과 주체성을 길러야 한다고는 하지만 '왜', '어떻게' 해야 하는지에 대해 질문하는 법을 가르치지 않는 바람에 '시켜서' 하는 일에 익숙해질 수밖에 없는 시스템이다.

학업을 따라가는 것도 중요하지만, 그 이전에 더 중요한 것은 학습을 하는 이유를 아는 것이다. 체험학습도 마찬가지다. 가기 전에는 이 체험학습을 왜 가는지, 가서 무엇을 보고 듣고 경험할 것인지 계획을 세운다. 그리고 자신이 생각했던 장소를 직접 보고 경험하면서 학생들은 자신의 상상 범위 밖의 무언가를 발견하기 마련이다. 이처럼 넓은 세상을 만났을 때 학생들은 앞으로 공부하고 탐구하여 세상 속에서 어떤 역할을 하고 싶은지를 배우고 깨닫기도 한다. 공부할 시간을 뺏기는 게 아니라 새로운 형태의 학습을 하는 것이다.

초창기에는 미주, 유럽, 아시아, 대양주까지 여러 국가를 방문해 5박에서 7박 일정으로 해외 체험학습을 다녀왔는데 코로나 이후로는 활동이 많이 축소된 상태다. 또 비용의 측면이나 준비의 어려움 등 다양한 측면에 대해 고려하여 현재는 비교적 인근 국가를 대상으로 하되, 교육적인 주제가 있는 활동을 위주로 준비하고 있다. 최근에는 특별 단체 활동으로 기획하여 1학년 34명의 학생이 캄보디아에서 우물 파기 봉사 활동을 진행하였다. 그리고 교육적 혜택을 받지 못한 어린 학생들을 대상으로 다양한 교육을 하고 재미있는 공연 등을 기획해서 선보이는 등 꽤 유의미한 교육 활동을 진행하였고 학생들의 만족도 역시 높았다. 앞으로 백두산 독립운동의 발자취, 중국 실크로드 문화여행, 일본 자매학교 방문, 러시아 극동 연해주 독립운동 유적지 방문 등 주제를 정하여 국외 체험학습을 진행할 계획을 수립 중이다.

더불어 이공 계열 대학 진학을 희망하는 학생들을 위해 해외 대학의 실험 및 강의 시간에 직접 참가할 수 있는 '해외 대학 과학 캠프' 프로그램을 제공하기도 하였다. 특히 미시간대학교(University of Michigan), 미시간공과대학교(Michigan Technological University) 등지에서 14박 15일 동안 진행했던 과학 캠프에 대한 학생들의 반응이 상당히 뜨거웠다.

교실 밖의 '딴짓'이 가르쳐 주는 것

한민고에서는 교과 수업에 충실한 것은 기본이지만 교실 밖에서 이루어지는 일정과 행사들도 많은 편이다. 고등학생 시기에 사회 문화적 경험을 최대한 많이 할 수 있길 바라기 때문이다. 해외여행을 한번 다녀오고 나면 생각의 폭도 넓어지고, 교과서에서 배운 것들이 전혀 다르게 느껴지는 경험을 한다. 쉽게 말해 견문이 넓어지는 것이다. 또한 다양한 분야의 명사를 만나 그들의 이야기를 듣다 보면 몰랐던 분야에 대해 새로운 꿈을 키워갈 수 있다. 학교 다닐 때 선생님이나 친구들과 함께 이러한 경험을 하면 아이들은 그걸 평생 기억하지 않을까? 이 시간은 모두 공부 외의 '딴짓'이 아니라, 우리 아이들이 대한민국 최고의 인재가 되는 것을 넘어서 세계로 뻗어 나가게 하기 위한 초석이라고 생각한다.

한민고 개교 첫해에 이사장님의 주최로 시행되었던 것이 매너 교육이었다. 당시 300여 명의 전교생이 앉은 호텔 테이블에서 코스 요리가 제공되었고, 나이프와 포크 쓰는 법과 사용 순서 등 식사 예절을 배울 수 있는 시간을 가졌다. 또한 서울 예술의 전당에서 하는 오페라 공연을 전교생이 다 함께 관람하기도 했다. 어린 학생들이 이러한 문화적 경험을 누릴 기회가 얼마나 있을까. 학교 입장에서는 작은 시도였지만, 아마 학생들에겐 평생 기억에 남을 경험이었으리라 생각한다. 지금도 동아리별로 혹은 단체별로 크고 작은 다양한 체험 활동을 권장하며 제공하고 있다.

단순한 경험을 넘어 새로운 활동에 재미를 붙이며 대학에 가서까지 활동을 이어가게 되는 경우도 많다. 한민고의 자랑 중 하나, 대체 불가능한 대표 단체인 '한민오케스트라'도 그중 하나다. 한민오케스트라는 각종 고등부 오케스트라 대회에 나가 상을 휩쓸 정도로 훌륭한 실력을 자랑한다. 한민오케스트라의 단원들은 모두 단순히 교내 동아리나 특별 활동이 아니라 엄청난 노력을 통해 다양한 선율의 조화를 만들어 내는 단체의 일원으로서 자부심을 지니고 활동에 임하고 있다.

이런 학생들의 열정을 뒷받침해 주기 위해 학교에서도 지원을 아끼지 않는다. 얼마 전에는 학교 지원을 통해 오케스트라 학생들이 전세 버스를 빌려 예술의 전당에 가서 공연을 보고 듣고 느끼고 왔다. 오케스트라에서 배우는 악기 역시 다른 학교 학생들은 쉽게 접하지 못하는 것들이다. 특히 트럼펫, 트롬본, 팀파니, 콘트라베이스 등 크고 가격이 부담스러운 악기들을 모두 학교에서 구비하고 있다. 오케스트라를 지원하는 학생 중 연주자를 선발하여 악기 교육을 하는데, 경쟁률이 어마어마하다.

한번은 관악기 연주자를 뽑는다는 소식에 아이들의 문의가 빗발쳤다. 어떤 걸 보완해야 할지, 무엇을 노력해야 실력이 늘수 있는지 연주자로 뽑히기 위해 저마다 자신의 강점을 어필했다. 다들 열의를 불태우며 난리가 났는데 음악 선생님이 청천벽력 같은 이야기를 했다. 관악기 연주에 적합한 사람을 뽑으려면 '입술 모양'을 봐야 한다는 것이었다. 노력으로 되는 부분이 아니라 타고나는 신체 조건으로 뽑힌다는 대반전에 아이들이 너무나 크게 실망하고 속상해했다. 현장에 있던 선생님들은 안타까우면서도 한편으로는 아이들의 진지함에 웃음이 터져 버렸다.

원래부터 악기를 다룰 줄 아는 아이들도 있겠지만 한민고에 진학해 처음으로 악기를 접하고 배우기 시작하는 경우가 대부분이다. 처음 배우는 것임에도 불구하고 학생들의 실력은 날이 다르게 쑥쑥 늘곤 한다. 음률과 코드에 대한 감각이 수학적 사고력과 관련 있다는 이야기를 들은 적이 있다. 그래서인지 학생들이 악기 실력까지 일취월장하는 것을 볼 때마다 놀라게 된다. 한민고에서 처음 악기를 배워 한민오케스트라에 들어가서 활동한 아이들이 대학에 가서까지 대학 소속 오케스트라 단원으로 활동하기도 한다는 소식도 종종 듣고는 한다. 한민오케스트라는 1년에 한 번씩 오케스트라 음악회를 진행하는데 주로 운치 있는 가을 밤에 이루어진다. 한민오케스트라의 명성이 자자한 만큼 방청 신청 경쟁도 대단히 치열하다.

흔히 공부를 잘하는 아이들이 놀기도 잘한다는 말이 있다. 한민고 학생들을 보면 학업에 열심히 임하는 학생들이 다양한 분야에 대한 배움에도 열정을 불대우는 모습을 자주 볼 수 있다. 그렇게 새로운 감각을 접하며 세상을 보는 관점을 넓혀야 한다는 말에도 나름 일리가 있는 것 같다. 공부하느라 바쁜 와중에도 음악을 향유하고 즐기면서 스스로 마음을 위로하고 가라앉히는 방법도 배우는 학생들이 기특하고 또 대견하다.

일요일 오전, 힐링과 위로의 시간

인생에서 다양한 고난의 시기가 찾아오기 마련이지만 특히 청소년 시절에는 우울감이나 어려움을 더 무겁게 느끼는 경우가 많다. 학교에서 친구들과 단체 생활을 하다 보니 관계에 대한 고민도 생기고, 우리나라의 경쟁적인 입시 체제에서 성적에 대한 극심한 부담감으로 심리적인 고통을 겪기도 한다. 이를 해소하는 방법은 아이들의 성향마다 다르다. 상담 선생님이나 또래 친구들을 통해 안정감을 도모하기도 하지만, 신앙을 통해 마음의 위안을 찾는 아이들도 있다.

한민고는 한 달에 한 번씩 집에 돌아갈 때를 제외하고 주말에 외출 및 외박이 불가해 학생들의 신앙 활동을 원활히 돕기 위해서 다양한 종교별 활동을 지원하고 있다. 집을 떠나와 새로운 환경에서 지내는 통에 다들 어느 정도는 크고 작은 심리적 부담감을 지니고 있다. 그래서 한민고에는 교내 종교 활동을 통해 심리적 안정을 취하는 데 도움을 받는 학생들도 많다.

기독교, 천주교, 불교 활동을 매주 일요일 오전에 운영하고 있다. 종교 활동 역시 학생들의 주도하에 진행되며 외부에서 초빙된 목사님, 신부님, 스님 등이 오셔서 도움을 주신다. 서로의 종교를 존중하고 인정해 주는 것은 물론이고 누구든 관심이 있으면 가볍게 참석할 수 있는 열린 활동이다. 기숙사 생활과 학업으로 지친 학생들이 잠시 쉬며 마음을 위로 받는 시간이 될 뿐 아니라, 일종의 동아리 활동처럼 각자의 역할을 담당하여 참여하고 협동하는 능력을 배우고 학교생활에 활력을 얻는다.

때에 따라 지역 단위 교회, 성당 등을 통해서 학생들의 종교 활동에 예산을 지원받기도 한다. 기독교 자율 동아리인 'Rejoice'는 예배 후 원하는 학생들과 함께 성경 공부, 또래 상담 등의 나눔 활동을 하고 있고, 부활절, 성탄절 행사, 캐롤 부르기, 방학 기독교 캠프, 체육대회 등 관련 행사를 직접 주관

해 운영하기도 한다. 또한 교사 주관 찬양집회, 졸업생 주관 찬양집회, 예배팀 주관 찬양집회 등을 열거나 외부 사역팀을 초청한 행사 등을 열어 학생들이 재미있게 참여할 수 있도록 유도하고 있다. 천주교의 경우 신부님들이 오셔서 매년 세례식을 진행하며, 주일 미사 때마다 성찬식을 거행한다. 불교는 교리 전달보다는 명상을 통한 스트레스 해소 및 바른 마음가짐 등 학생들에게 실질적으로 도움이 되는 활동 중심으로 이루어지고 있다. 얼핏 듣기에 난해하고 낯설게 느껴질 법도 한데 학생들 사이에서 인기가 좋은 편이다.

꼭 깊은 신잉심을 지니지 않더라도 학생들은 종교 행사에 참여하여 일상 속의 쉼표로 삼기도 하고, 다양한 종교의 이치와 원리 등을 접하며 나름의 깨달음을 얻는 계기가 되기도 한다. 덕분에 한민고의 종교 활동은 매우 성공적으로 진행되고 있고, 현재 재학생 1천여 명 중 약 420명 정도가 참여하고 있으니 그 비율도 상당하다.

학교 앞 떡볶이는 없지만,
한민고엔 다른 것이 있어요

오미경(5기 이연주, 7기 이연우 학부모)

첩첩산중 시골에 있는 기숙사 학교!
한민고에 처음 가 본 날

제 아이가 중학교 3학년이던 때, 고등학교 입학을 앞두고 기숙형 고등학교 진학을 목표로 삼고 알아보던 중, 한민고등학교를 처음 알게 되었습니다. 처음에 얼핏 알아봤을 땐, 군 자녀를 위한 학교라는데 그렇다면 학업 환경도 마치 군대에 보낸 것 같은 분위기는 아닐지 막연한 걱정과 오해가 있었습니다. 거기에 집에서 차로 두 시간 이상 걸리다 보니, 아직 어린아이를 먼 거리에 떨어뜨려 놓는다는 것이 걱정되어서 한민고 진학은 아예 생각하지 않았습니다. 그런데 아이가 학교 정보를 여기저기에서 알아보더니 무언가에 매력을 느꼈는지 설명회를 들어본 후 선택하겠다고 했습니다. 마침 그즈음에 설명회가 있다는 정보를 듣고, 부랴부랴 학교 입학 설명회를 신청하게 되었습니다. 그때까지만 해도 아직 학교에 대해 잘 모르기도 했고, 막

연히 멀어서 어떡하나 하는 걱정부터 앞섰기에 크게 괘념치는
않았습니다.

입학 설명회 당일이었습니다. 오는 길은 제가 생각했던 것보
다 더욱 멀었습니다. 하지만 제 기대보다 학교의 커리큘럼이나
입시 실적, 교내외 활동 등이 훌륭하고 전체적으로 학교와 교
사의 열정이 높고 크다는 인상을 받았습니다. 또한 학교에서
기숙사, 학교 주변을 둘러볼 수 있는 시간을 주셔서 학교 시설
도 전체적으로 자세히 살펴보았습니다. 집으로 돌아오는 길에
아이와 이야기를 나누었습니다. 학교를 둘러본 소감과 시실 등
에 대해서 얘기하다가 아이는 한민고에 진학하고 싶다는 생각
을 조심스럽게 내비쳤습니다. 순간 저는 당황하여 일단 시간
을 갖고 조금 더 생각해 보자고 하였습니다. 하지만 생각을 하
면 할수록 확고한 아이의 모습을 보면서 자기가 원하는 곳에
서 즐겁게 생활해야 비로소 성취감이 크게 느껴질 수 있겠다
는 결론을 내리게 되었고, 결국 저는 한민고 학부모가 되었습
니다.

처음으로 떨어진 우리, 잘할 수 있을까요?

시간은 빠르게 흘러, 벌써 입학할 때가 되었습니다. 오리엔
테이션을 위해 추운 겨울날, 아이를 학교에 데려다 주었습니
다. 한 번도 품에서 떠난 적이 없는 아이를 두고 오는 발걸음

이 너무 무거웠습니다. 기숙사에 아이를 남겨두고 오는 길 내내 남겨진 아이가 눈에 밟혔습니다. '혼자서 과연 잘할 수 있을까' 하는 걱정이 앞섰습니다. 그리고 무엇보다도 한동안 아이를 볼 수 없다는 생각에 돌아오는 길 내내 하염없이 눈물이 흘렀습니다.

아이의 귀가와 귀교는 몇 번을 해도 적응이 잘 되진 않았습니다. 하지만 엄마가 이런 모습을 계속 보여 주면 기껏 학교로 돌아가는 아이의 마음도 내내 안 좋을 것 같았습니다. 그래서 저 역시 마음을 다잡고 약한 모습을 보이기보다는 밝은 모습으로 항상 긍정적인 에너지를 주고 응원하려고 노력했습니다. 저도 아이도 서로 진짜 첫 '독립'을 연습하던 시간이었습니다.

시간이 한참 지나 돌이켜 생각해 보았더니 오히려 떨어져 지내며 그리워했던 지난 시간이 있었기에 우리 가족이 더욱 돈독해졌던 것 같습니다. 학업 스트레스로 서로 날카로워질 수 있는 어려운 시기에 우리는 늘 서로를 그리워하고 아끼는, 좋은 부모와 자녀 사이를 유지할 수 있었습니다. 아이를 학교에 입학시키고 울던 때가 엊그제 같은데, 벌써 큰 아이는 졸업을 하였고 둘째 아이가 지금 한민고에 재학 중입니다. 언니가 한민고에 가서 즐겁게 지내는 모습을 보면서 자연스럽게 둘째도 언니를 따라 진학하게 되었습니다. 첫째만큼 둘째도 부디 즐겁게 학교생활을 하고, 좋은 결실이 있기를 바랍니다.

아이와 함께 즐거운 학교 활동을 한 엄마

저는 아이들이 보고 싶은 마음 반, 학교 활동이 원활하게 이루어질 수 있도록 도와드리고 싶은 마음 반으로 학부모가 할 수 있는 다양한 봉사 활동을 자원하였습니다. 한민고는 제가 학교 다닐 때와 전혀 다른 분위기여서 학부모인 제가 참여해도 매우 즐거웠습니다. 그래서 저 역시 다른 어머님들과 교류하며 즐겁게 학교 행사에 참여했습니다. 기억에 남는 활동들이 꽤 많은데 그중에 몇 가지가 떠올라 적어봅니다.

학생들에게 학교생활 중에 가장 기억에 남는 행사는 바로 축제와 체험학습이겠지요. 저 역시도 두 행사가 가장 기억에 남습니다. 처음엔 저도 공부해야 하는데 이런 '노는 것'들을 준비하는 게 학업 시간을 빼앗고 방해가 되는 것이 아닌가 생각했었습니다. 하지만 저 역시도 축제를 준비하고 직접 참여하면서 많은 것을 배웠습니다. 준비 과정 중에서 가장 놀랐던 점은 행사 운영의 주체가 '우리'라는 점이었습니다. 학생들이 나서서 자유롭게 의견을 제시하고 그것을 실현한다는 점이 새롭고 놀라웠습니다. 사실 아이들이 공부하는 가장 큰 목표가 스스로 계획을 세우고 자기의 생각을 정립하는 힘을 기르기 위한 것 아닐까요? 그런 면에서 저는 학교 행사 역시 큰 도움이 되는 시간이 되었다고 생각합니다.

저 역시 신입생 학부모로서 처음으로 학교 행사를 준비한다는 것에 큰 부담을 느꼈으나 선배 학부모님들과 소통하며 부족한 점을 채워 나가는 힘을 얻었습니다. 학부모들이 축제에서 준비했던 가장 큰 이벤트는 '푸드트럭'입니다. 모든 것이 궁금하고 한창 먹고 싶은 것이 많은 나이인 아이들에게 기숙사 생활에서 제일 힘든 점이 '학교 앞 떡볶이를 못 먹는 것'이라고 합니다. 물론 제 아이들은 여학생들이라, 여학생들의 의견입니다. 남학생들은 바깥 음식 중에 무엇을 가장 먹고 싶어 할까요? 그래서 우리 학부모들은 아이들이 가장 그리워하는 음식을 조사하여 정성껏 준비해서 실컷 먹을 수 있도록 노력했습니다.

혼란 속에서 질서가 어지럽혀질 만도 한데 학생들이 모두 질서 있게 양보하고, 학부모님들도 힘든 일은 나서서 서로 하시려고 배려하는 모습을 보았습니다. 역시 우리 학교 학생들과 부모님들은 다르다는 것을 느끼고, 큰 감동이 밀려왔습니다. 몸은 힘들었지만 큰 보람을 느꼈습니다. 게다가 반별로 자유롭게 이루어진 활동을 보며 우리 아이들이 이날만큼은 스트레스를 날려 버리고, 즐거운 기억을 가졌으리라고 생각하니 저도 기분이 좋았습니다.

우리 손으로 고르고 계획하는 체험학습

1학년 2학기 겨울 방학이 되면 슬슬 체험학습을 준비하게 됩니다. 우리 학교는 그동안 해외로 체험학습을 많이 떠났습니다. 외국으로 체험학습을 떠난다고 하면, 그냥 여행을 가는 것이라고 판단할 수 있으리라 생각합니다. 하지만 학부모회가 직접 여행사의 예시 프로그램을 보고 학생들에게 도움이 될 만한 프로그램이 준비된 여행을 고르고, 이 의사를 학교에 전달하면 선생님들과 학생들이 그 안에서 여행 국가를 정하고, 루트를 짜는 과정을 거쳤습니다. 마냥 외국에 가서 가볍게 놀고 돌아오는 것이 아니라 그 나라만의 고유한 문화나 역사 등을 배우고 체험하면서 세상에 대한 안목을 키운다는 점에서 큰 의미가 있었다고 생각합니다. 처음에는 믹믹하게 생각했던 일인데 학교에서 그동안의 경험을 바탕으로 잘 이끌어 주시면서도 우리의 의견을 경청해서 반영해 주셔서 저희 학부모들도 여행을 가듯 즐겁게 참여할 수 있었습니다.

코로나 위기에 대처하는 우리 아이들

고3, 기나긴 12년 학교생활의 꽃이라고 할 수 있겠지요. 지난 과정의 결실을 거두는 중요한 시기인 고3 수험 생활이 시작되었고 모두 마음을 다잡으며 의지를 다지고 있었습니다. 그러나 갑작스러운 코로나바이러스의 대유행으로, 전례 없이 개학이 연기되는 상황이 벌어졌습니다. 저 역시 수험생을 둔 부모 입장에서 크게 걱정이 되었습니다. 하지만 아이에게는 이러한 불안한 마음을 전가할 수가 없어서 이것은 우리만의 상황이 아니라, 대한민국 전체 학생들이 모두 맞닥뜨린 상황이니 당황하지 말고 본인만 중심을 잡고 학업에 정진하라고 이야기 하였습니다.

어른들도 이렇게 우왕좌왕하고 있는 상황인데 아직 경험이 많지 않고 어린 아이들이 어떻게 이 위기를 헤쳐나갈 수 있을지에 대한 걱정과 불안이 계속해서 밀려왔습니다. 하지만 위기 상황 속에서 한민고의 생활이 더욱 빛을 보았습니다. 그 어린 나이에 기숙사에서 생활하면서 매일 쏟아지는 과제와 수행 활동 등 다양한 상황에 대처하는 능력을 키운 우리 아이들은 그 누구보다도 위기관리 능력이 뛰어나다는 것을 깨달았습니다. 특히 한민고 학생들의 가장 큰 장점은 기숙 생활과 학교 프로그램으로 다져진 자기주도 능력이라고 생각합니다.

방역 문제로 인해 그전보다 많은 제약이 있었지만 학생들이 힘든 상황 속에서도 묵묵하게, 그리고 그 어느 때보다 더 열심히 공부하는 모습이 매우 대견하게 보였습니다. 또한 다들 온라인 수업이 준비가 안 되어서 우왕좌왕하던 바깥의 상황과 달리 침착하고 빠르게, 열정적으로 온라인 수업을 준비하여 내실 있는 수업을 진행해 주신 선생님들의 모습에 깊은 인상을 받았습니다. 그 덕분에 학생들이 흔들리던 마음을 다잡고 열심히 학업에 정진할 수 있었습니다.

학교에서 수능 도시락을 싸 준다고요?

우리 학교는 학생을 전국 단위로 모집하는 기숙사 학교이기 때문에 대학수학능력시험을 모두 집에서 멀리 떨어진 파주에서 치르게 됩니다. 그래서 모든 학부모님들께서 직접 아이들의 수능 도시락을 준비해 주시기엔 어려움이 있습니다. 한민고는 학교에서 수능 당일 새벽에 3학년 전체 학생들을 위한 도시락을 직접 준비하고 있습니다. 그때 저희 학부모들도 자원하여 도시락 준비를 돕고 있습니다. 새벽같이 일어나서 먼 길을 오셔야 하는 번거로움이 있음에도 불구하고, 많은 부모님께서 모의고사와 수능 시험 날, 학교에 와서 도시락 봉사 활동을 해 주고 계십니다.

내 아이가 먹는다는 마음으로 급식실 직원분들과 선생님, 학부모님들이 모여서 따뜻한 정성으로 응원하는 것이 우리 학교만의 전통이라면 전통이라고 할 수 있겠습니다. 그 많은 도시락을 일일이 챙기는 것은 매우 번거롭고 힘든 일이지만, 아이들이 적어 주는 감사 메모 한 장으로 그날의 피곤이 싹 가시게 됩니다. '마법의 힘'을 갖고 있는 메모 한 장이라고 생각합니다. 부모로서 이런 게 행복이며, 더 이상 바랄 것이 없다는 마음을 갖게 되었습니다.

저희 아이와 친구들은 무탈하게, 행복하게 3년의 학교생활을 마쳤습니다. 다만 코로나 상황이 지속되어 졸업식을 온라인으로 한 것이 아쉽습니다. 화면으로만 친구들을 바라보며 그리워하고 마지막 인사를 하는 아이들의 모습을 보니 저 또한 아쉬움이 많이 남았습니다. 한민고등학교는 우리 가족에게 늘 고맙고 그리운 곳입니다. 하루빨리 코로나 이전의 학교로 완전히 회복되어서 아이들이 마음 놓고 어울리며 공부할 수 있는 날이 돌아오기를 바랍니다.

한민인을 담기에 한국이 너무 좁습니다!

1기 최연지 (일본 와세다대학교 정치경제학부 국제정치학과 졸업)

저는 한민고등학교 재학 중에 유학 준비를 시작해서 와세다 대학에 진학했고 현재도 일본에 거주하고 있는 사람입니다. 제 이야기가 누군가에게는 도움이 되길 바라며 저의 이야기를 시작하고자 합니다.

별난 고등학생, 일본 유학을 준비하다

'왜 당연히 수능을 공부해야 하는 거지?' 문득 면학실에서 이런 생각이 들었습니다. 고등학생이 되면서 저는 주변 사람들이 말하는 '당연히 해내야 하는 것'에 대해 의문이 들기 시작했습니다. 중학생이었던 저는 눈앞의 과제를 착실히 해내는 이른바 '바른' 아이였습니다. 학교나 학원에서 시킨 일을 착실히 하는 성실한 학생이자 수동적인 학생이었습니다. 덕분에 학교 성적도 좋고 체제 적응도 별 탈 없이 해냈습니다. 그런 제가 한민고에 진학하고 첫 난관에 부딪히게 됩니다. 공부가 그저 시키는 것만 하면 되는 것이 아니었기 때문입니다. 자기주도학습 능력이 중요하고 처음으로 능동적으로 뭔가를 해야 했기 때문입니다. 그래서 스스로 학업 면에 많은 어려움을 겪으면서 동시에 우리나라 교육 문제에 대해 생각하게 되었습니다.

획일화된 한국 교육과 입시제도에 의문이 생겼고 이를 원동력 삼아 '교육'에 관한 공부를 시작했습니다. 한민고의 독서토론 방과 후 활동을 통해 프랑스의 바칼로레아, 유대인의 하브루타 등 전 세계의 다양한 교육 형태를 접하고 심층적으로 생각할 수 있었습니다. 더 넓은 교육의 세계를 살펴보며 한국 대학에 진학하는 것만이 유일한 길이 아니라는 생각이 시작됐던 듯합니다. 또한 한민고 주말 특강에서 엄홍길 산악인 등 다양한 명사들의 강연을 들으며 '능동적으로 도전'하는 삶에 대해서 배웠습니다. 치열하게 삶을 개척해서 노력하는 분들에게 동경의 마음이 생김과 동시에 그분들의 마음가짐을 본받고 싶다고 생각했습니다.

남들이 정해 놓은 '당연한' 길을 그저 수동적으로 따라가기보다 내가 정말로 걷고 싶은 길에 뛰어들고 싶다는 마음이 들었습니다. 이런 경험을 통해 원래였으면 수능 특강, 모의고사 등에만 갇혀 있을 시야를 더 넓은 세상으로 넓혀 나갔습니다. 고등학교 3학년, 늦었다면 늦은 시기에 일본 대학으로의 진학을 결심합니다. 한국 대학에 가도 지금과 비슷한 삶이 반복될 것 같았기에 더 넓은 세상으로 뛰어들고 싶었습니다. 당시 일본어가 특기였기 때문에 이를 살릴 수 있는 일본 대학 입시로 결정하게 됐습니다.

그때부터 EJU(일본 유학 시험)와 토플을 준비하기 시작했습니다. 당시 도전을 결심했을 때 주변 사람들이 모두 반대를 했던 것이 기억이 납니다. 내신이 썩 좋은 편도 아니다 보니 주변의 반응도 어찌 보면 당연했습니다. 학원에서는 재수를 권유받기도 했고, 혹자는 나의 굳은 결심을 가벼운 방황으로 치부해서 속상하기도 했지만, 나를 내가 믿어야겠다고 다짐했습니다. 그리고 무엇보다도 부모님께서는 저를 믿고 응원해 주셨습니다. 사실 초등학교 때 우리 가족은 일본에서 잠깐 산 경험도 있었고 그래서 전 어릴 때부터 일본 미디어를 자주 접했던 편입니다. 이러한 저를 향한 부모님의 믿음이 저를 일어서게 해 주었습니다.

우선 EJU 홈페이지에 들어가서 시험 수기를 많이 읽고 학원을 결정했습니다. EJU는 일본어, 수학, 종합과목이라는 세 과목의 시험을 치르는데 일본어나 수학은 수능 문제의 유형 및 내용과 겹치는 부분이 많아서 준비하기 어렵지 않았습니다. 종합과목은 경제, 정치, 지리 등 다양한 분야를 아우르는 과목이었는데 일본과 세계의 정세 등을 고려하며 폭넓은 공부를 단시간에 하기 매우 힘들었습니다. 하지만 치열하게 공부한 결과 EJU에서 만점에 가까운 점수를 받았고, 와세다대학교 정치경제학부에 입학할 수 있었습니다.

고난의 연속, 그리고 도전 대학교에만 진학하면 즐겁기만 할 것 같았던 인생은 그리 호락호락하지만은 않았습니다. 고등학교 때까진 가족의 품에서, 모국과 모국어의 둥지에서 살았지만, 일본에서는 정말 말 그대로 '홀로서기'가 필요한 환경이었습니다. 갓 둥지에서 벗어난 '외국인 미성년자'는 부동산 계약마저 쉽지 않았습니다. 외국인이라는 이유만으로 입주를 거절당하기도 했고, 부모님의 사인 없이는 계약하지 못하는 경우도 많았습니다. 학업적인 측면에서도 어려움을 많이 겪었습니다. 수업의 기본적인 내용을 따라가기에도 남들보다 더 큰 노력이 필요했습니다. 일본 대학에는 세미나 수업이 있습니다. 교수님과 학생들이 소규모로 모여서 논문을 읽고 토론하는 형태의 수업입니다. 무수한 전문용어가 딱딱한 문체로 도배된 수십 장의 논문을 읽는 것이 유학생에게 쉽지 않았습니다. 더구나 읽고 이해하기도 힘든데 순발력 있게 토론 중에 상대방의 논리적 허점을 발견하고 자기 생각을 조리 있게 말해야 하는 토론 시간은 매우 버거웠습니다. 잠을 줄여가며 공부해도 토론 시간에 벙어리처럼 가만히 있어야 하는 순간 답답한 마음에 내가 왜 이 어려운 길을 선택했나 좌절하기도 했습니다. 출발점부터 달랐기 때문에 생활면에서 학업 면까지, 무엇 하나 쉬운 것 없는 도전 거리로 가득했습니다.

그 시간을 버티면서 저는 '도망치지 않고 부딪히는 법'을 배웠습니다. 매사에 불평하던 태도를 버리고, 고난에 정면으로 부딪쳐 보기로 했습니다. 저는 처음에 소속된 동아리에서 활동을 거의 하지 않았습니다. 언어의 장벽, 문화의 차이 등이 불편해서 그저 피하고만 있었습니다. 이런 불편함에 정면으로 부딪쳐 보기로 했습니다. 먼저 동아리에 나가 일본인 친구들과 자주 만나며 일본어 회화 능력을 키웠습니다. 일본인 친구들을 자취방으로 초대하여 타코야키를 구워 먹기도 하고 K-pop을 좋아하는 친구와 코리아타운에 가서 떡볶이 맛집 탐방을 하기도 했습니다. 그러면서 자연스럽게 언어에 대한 두려움이 사라졌습니다. 그리고 함께 지내다 보니 그 친구들도 나와 비슷한 고민을 지닌 또래라는 공감대가 형성되었습니다. 국적과 언어의 장벽을 뛰어넘어 우리는 깊은 유대감을 쌓고, 우리는 비로소 친한 친구가 되었습니다. 또한 내 능력으로 할 수 있는 일에 최선을 다해 보자는 마음으로 일단 언어의 장벽이 크게 문제가 되지 않는 디자인을 맡기로 했습니다. 사실 당시에 디자인에 문외한이었지만, 디자인 프로그램을 구매하고 유튜브 강좌를 보면서 독학하고 밤늦게까지 열심히 동아리 포스터를 제작했습니다. 열심히 하는 이런 제 모습을 친구들이 좋게 봐주었고 1년 뒤 동아리의 한 팀을 이끄는 장이 되었습니다. 1년 전까지만 해도 참여조차 잘 하지 않던 외국인 부원이 주역이 되어 활동하게 된 것입니다. 이 과정에서 소중한 친구들도 많이 얻었고, 많은 것을 배우며 크게 성장할 수 있었습니다.

20살의 저는 스스로 '외국인'이라는 틀에 저를 가둬 놓고 제 한계를 단정 지었습니다. 하지만 저는 그 틀에서 저를 꺼내는 용기를 배웠습니다. 내 가능성은 내가 생각하는 것보다 크다는 것도 느꼈습니다. 이런 값진 배움을 얻을 수 있었던 것은, 무엇보다 도전과 고난의 연속이었던 외국이라는 환경 그리고 용기

내서 부딪히지 않으면 아무것도 배울 수 없다는 것을 일깨워
준 유학 생활 덕분이었다고 생각합니다.

넓은 시야와 행동력을 배우다

와세다대학교는 일본에서 두 번째로 학생 수가 많은 학교이
자, 일본에서 제일 유학생 수가 많은 학교입니다. 즉, 각양각색
의 학생들이 모이는 곳입니다. 저는 이곳에서 다양한 사람을
만나며 편협했던 제 시야를 넓혔습니다. 낙태에 대한 문제의
식을 지녀 피임 관련 콘텐츠를 개발하여 SNS에 올리거나 잡
지사에 보내는 친구가 있는가 하면, 일본 동북 지방의 맥주 공
장에서 맥주를 연구하는 친구도 있었습니다. 비건 푸드(채식주
의 음식)를 알리기 위한 이벤트를 대학 내에서 개최하는 친구도
있었습니다. 이렇듯 각자의 관심사를 알리기 위해 주체적으로
살아가는 다양한 친구들을 만나서 취업, 토익 점수 등에만 집
착했던 제 삶이 변했습니다. 본질적인 제 삶을 사는 법에 대해
고민했습니다. '살아지는 삶'이 아니라 '살고 싶은 삶'을 살아야
겠다고 다짐했고 하고 싶은 것은 행동으로 옮기는 '행동력'을
배웠습니다.

대학교 2학년 때 CSR(Corporate Social Responsibility, 기업의 사회
적 책임 의식)에 관심이 생겼습니다. 하지만 당시 학교에는 관련
동아리나 학회가 없던 상황이었습니다. 이에 주변에 뜻이 같은

친구들과 함께 동아리를 만들었습니다. 수십 명의 교수님께 연락하여 담당 교수님을 찾았고, 매주 모여 각 기업의 CSR 사례를 연구했습니다. 다양한 사례 중 맥도날드 일본지사에서 자신의 회사에서 판매했던 '해피 세트'의 플라스틱 장난감을 수거하여 쟁반을 만들어 다시 매장에서 사용함으로써 환경 보호를 위해 앞장선 활동을 한 것에 깊은 인상을 받았습니다. 이에 회사의 CSR 부서에 연락하여 직접 회사에 찾아가 이야기를 들었고 회사와 협력하여 토크쇼 이벤트를 개최하기도 했습니다. CSR에 대한 작은 호기심에서 시작했지만, 그 궁금증을 그저 품고 있는 것이 아니라 해소히기 위한 행동을 실현했기 때문에 다양한 사람을 만날 수 있었고 더 큰 경험을 할 수 있었습니다.

이런 행동력 덕분에 웃지 못할 사건도 있었습니다. 저는 미얀마에서 일정 기간 체류한 경험이 있습니다. 미얀마는 '아시아의 마지막 프론티어(Frontier, 개척지)'라 불릴 정도로 앞으로의 무궁무진한 성장 가능성을 지닌 나라입니다. 그래서 일본계 회사들이 많이 진출하여 있었고, 저도 미얀마에서 일할 기회를 얻었습니다. 그런데 체류 중 숙소에서 거액의 돈을 잃어버려서 빈털터리가 되었고 본의 아니게 미얀마 빈곤층의 생활을 시작하게 되었습니다. 이전에는 이동할 때 택시를 탔는데 그때부터 200원짜리 만원 버스에 끼여 탔습니다. 언젠가는 식비를 아끼려고 서민 음식을 길거리에서 먹고 식중독에 걸려서 응급실에 가기도 했습니다. 더운 날씨 탓에 음식이 상했던 것이었습니다. 그때 아프고 서럽기도 했지만, 그 경험을 통해 미얀마의 극심한 빈부격차를 몸소 느끼게 되었습니다. 기본적인 생존권이 보장되지 않는 미얀마의 빈곤층의 삶을 뼈저리게 공감해 보고, 힘이 없는 사람들의 인권을 보호하기 위해 노력하는 사람이 되고 싶어졌습니다. 저는 아직도 새로움을 향해 끊임없이 도전하고 있습니다. 한국에는 분명 따뜻한 집도 있고 언제든지 도움을 줄 수 있는 가족들도 있습니다. 한국에 있었다면 공부도 생활도 수월했을 것입니다. 하지만 타지에서 홀로 생활하면서 힘든 순간도 있었지만, 계속 부딪히고 일어나는 과정을 통해 내면의 굳은살이 배겨 더욱 단단해질 수 있었습니다. 그만큼 값진 것들을 많이 배울 수 있었기에, 유학이라는 선택을 후회한 적은 단 한 번도 없었습니다.

끊임없이 도전하는 삶, 함께해요

미얀마에서 인턴을 하던 중에 한 기업가를 만날 기회가 있었습니다. 그때 미얀마에서 벌어진 회계 부정 사건에 대해 들었고, 회계 장부가 회사에 미치는 커다란 영향력을 깨달았습니다. 투명한 회계정보의 중요성을 처음으로 알게 되었고. 저는 회사의 이해와 권리를 보장해 주는 '회계사'가 되고 싶다는 꿈을 품고 준비를 시작했습니다. 감사하게도 저는 내년부터는 영국계 회계 법인에서 미국 회계사로 근무 예정입니다. 앞으로는 전 세계를 돌아다니며 사회적 신뢰를 책임지는 '떠돌이 회계사'로서의 삶을 살아가고 싶습니다.

이 글을 마치며 한민고 후배들에게 꼭 전하고 싶은 말이 있습니다. 절대로 자기 능력을 한계 짓지 마시고, 현재 상황에 안주하지 않으셨으면 좋겠습니다. 여러분은 스스로가 생각하는 것보다 더 큰 사람이니까 하고 싶은 것이 있다면 주저하지 말고 도전하세요. 설령 하고 싶은 일이 실현하기 어려운 일이라 하더라도 주저하지 말고 뛰어드세요. 성공하든 실패하든 도전한 경험만으로도 배움이 분명히 있을 것이고, 그 배움을 통해 더 큰 사람이 될 수 있다고 확신합니다. 한민고에서의 생활을 버텨내고 있는 여러분들은 이미 충분히 멋진 사람이니까 그걸 원동력 삼아서 더욱더 큰 세상을 향해서 달려갔으면 하는 바람입니다.

저도 이때까지의 제 인생은 준비 단계였다고 생각하고 있고, 앞으로도 겸손한 마음으로 끊임없이 도전하는 삶을 살아가고자 합니다. 앞으로 한국에서, 국제무대에서 한민고 식구들을 만날 것을 기대하며 이만 줄이겠습니다.

훌륭한 교육 환경에서
성장하는 융합적 인재

공간의 변화가 자유로운 사고를 이끌어 낸다

아마존의 시애틀 본사 옆 건물에는 '더 스피어스(The Spheres)'라는 업무 공간이 마련되어 있다. 사무실이지만 흔히 알고 있듯 파티션으로 가려진 책상이 칼 같은 각을 맞춰 늘어서 있는 공간은 아니다. 무려 4만 점의 식물로 둘러싸여 있고, 시냇물과 폭포까지 흘러 도심 속에 아마존 열대 우림을 그대로 옮겨 놓은 듯한 형상이다. 아마존 창업자인 제프 베이조스가 직원들이 자유롭게 혁신적인 아이디어를 내고 창의적으로 사고할 수 있도록 마련한 공간이라고 한다. 이처럼 요즘 많은 글로벌 기업에서 전통적인 사무실 환경을 새로운 형태로 바꾸고 있다.

사람이 사고하는 방식은 환경과 공간에도 영향을 받는다. 전통적인 교실 풍경은 칠판 앞에 교단이 있고, 아이들은 모두 한 방향을 바라보며 앉는 모습이었다. 교사 중심으로 지식을 전달하기에는 좋지만 자유로운 의견 교류와 토론이 이루어지기는 어려운 형태다. 지금은 미래 인재를 양성하기 위해 새로운 교육 체제와 더불어 학교 공간에 대한 환경 변화가 요구되고 있다. 유연한 사고를 할 수 있도록 여러 형태의 환경과 소규모 토론이 이루어질 수 있는 공간들도 필요하다.

한민고 역시 자유로운 분위기에서 토론 등의 활발한 학문 교류가 이루어질 수 있도록 다양한 공간을 마련하고 있다. 그중에도 AI 라운지는 다방면의 활용도 덕에 인기 있는 공간이다. AI 라운지는 세 개의 공간으로 나눌 수 있는데, 먼저 입구 쪽 자유 공간에서는 학생 누구든 편하게 휴식을 취힐 수 있다. 안쪽으로 들어서면 이동식 테이블과 유리로 된 아이디어 보드, 계단식 의자 등이 놓여 있어 자유로운 토론이나 발표가 진행된다. 제일 안쪽 공간에는 강의식 수업도 병행할 수 있도록 초대형 TV와 책걸상을 비치해 공간을 자유롭게 활용하며 다양한 수업 방식을 펼칠 수 있다.

또 지금의 청소년들은 디지털 네이티브라 불리는 세대인 만큼 적극적으로 새로운 기술을 활용할 수 있도록 첨단 시설 보급에도 신경 쓰고 있고, 온라인 공간도 빼놓을 수 없다. 코로나 시기를 겪고 나서 이제는 많은 학교에서 중·고등학교 학사 통합 관리시스템 '리로스쿨'이나 구글 드라이브 등을 활용하기 시작하였는데 한민고는 그보다 더 오래전부터 가상 드라이브 시스템을 적극적으로 활용하고 있었다.

개교 당시에 업체를 통하여 직접 가상 드라이브 '스쿨올' 사이트를 만들었다. 학교 홈페이지와 별개로 운영하며 주로 학생들의 수행평가 자료 등을 올리는 용도로 사용됐다. 각종 평가 자료나 학습 자료가 공유되기도 했지만, 무엇보다 당시 가장 인기가 많았던 건 재학생끼리 인터넷 강의를 찍어 올리는 것이었다. 이른바 '한강'이라고 불렀는데, 교과별로 실력이 뛰어난 친구들이 직접 문제 해설을 해서 사이트에 업로드하면 친구들이 그걸 보고 공부하는 방식이었다. 우리 학교 학생만이 이용할 수 있다는 폐쇄성과 우리 학교 학생이면 누구든 이용할 수 있다는 개방성 덕분에 운영이 가능했던 사이트다. 지금은 구글 드라이브와 리로스쿨 등의 인프라가 구축되어 다양한 온라인 교육 활동이 더욱 활발하게 이루어지고 있다. 상담 예약, 방과 후 강좌 신청, 학습 자료 제공, 수행평가 결과물 제출, 각종 안내문 게시 등을 통해 편리한 학교생활을 돕는다. 또한 학부모와 학생의 설문조사도 진행된다.

그 외의 교내 시설들도 학생 친화적으로 조성하여 학생들이 적재적소에 자유롭게 이용하며 학업에 매진할 수 있도록 했다. 각 학년 층마다 학생 라운지가 조성되어 학생들이 편안히 쉴 수 있는 공간을 배치하였으며, 교실 앞쪽에는 이동 수업 시 잠깐씩 앉아서 대기할 수 있는 공간이 있다. 또한 층마다 온돌마루도 설치했다. 2층에는 영어과 교실이 모여 있고, 잉글리시 존인 글로벌 애비뉴가 있고, 정보과에는 3D 프린터기가 비치되어 있다. 시청각실 비전홀은 각종 강연과 공연, 종교 활동 등을 진행할 수 있는 400여 석의 넓은 공간이다.

한민고의 입학설명회에 오면 한민고 홍보대사 '한얼' 학생들이 직접 캠퍼스 투어를 진행한다. 처음 입학설명회에 방문한 예비 입학생이나 학부모들은 언뜻 보기에 시골 한가운데 우뚝 서 있는 커다란 건물 외관이 전부라고 생각할 수 있다. 하지만 한얼을 따라 교정을 구석구석 돌아보다 보면 틀로 짜낸 듯 똑같은 교실이 늘어져 있는 것이 아니라, 아이들의 꿈을 키우고 탐구하며 재충전도 할 수 있도록 여러 공간이 세심하게 마련되어 있다는 사실을 발견한다.

지리적 제약을 생태 탐구의 기회로

한민고 학생들은 휴대폰이 없는 생활을 하고 있다. 요즘 세상에 스마트폰은 일상의 유용한 파트너가 되어 줄 수도 있지만 한편으로는 바깥으로 넓혀 갈 수 있는 시야를 작은 화면에 붙잡아 두는 방해꾼이 되기도 한다. 물론 노트북이나 아이패드, 태블릿 등의 전자기기를 자유롭게 사용할 수 있기에 필요할 때는 얼마든지 인터넷을 활용할 수 있다. 그 덕분에 온전히 집중도 있는 수업 활동이 진행될 수 있으면서 온·오프라인의 다양한 교육 활동도 원활하게 이루어진다.

하지만 학교의 무선 인터넷은 교수학습 활동이 이루어지는 교사동(본관 건물)에서만 사용 가능하고 기숙사에서는 원칙적으로 사용이 어렵다. 그래서 한민고의 기숙사에서 각자 휴대폰을 들여다보고 게임을 하는 풍경은 찾아볼 수 없다. 보통 호실에 모여서 담소를 나누거나 때로는 보드게임을 하기도 한다.

휴대폰이 없어 처음에는 불편할 수도 있지만, 온종일 SNS를 '새로고침'하고 있으면 결코 보지 못하는 것들을 한민고에서는 온전히 보고 경험하게 된다. 무엇보다 도시에서는 쉽게 접할 수 없는 자연을 매 순간 눈에 담는다. 한민고는 파주의 한적한 시골이라는 지리적 제약이 있지만, 한편으로는 그 덕분에 천혜의 자연을 고스란히 누릴 수 있다는 이점도 가지고 있다.

부지가 2만여 평에 이르는 한민고 안에는 350m에 이르는 자연 생태 탐방로가 있는데, 15분 정도 산책을 할 수 있는 산길이다. 단순한 산책로가 아니라 식물 군락을 형성해 자연 생태를 경험할 수 있는 곳으로, 개구리 서식지이자 각종 생물이 서식하는 중요한 생태 탐방 현장이기도 하다. 아이들은 이 탐방로를 걸으며 휴식을 취하기도 하고, 친구와 연못 벤치에 앉아 종알종알 수다를 떨기도 하고, 또 이곳의 작은 생명체들을 유심히 들여다보며 온종일 관찰하기도 한다. 이곳에서 아이들은 자연스럽게 사람과 자연이 공생한다는 것을 배우고 생태 감수성을 키워 나간다.

특히 이 생태 탐방로를 집중적으로 들여다보고 관리하는 건 한민고의 유명한 동아리 중 하나인 '걸어다니는 한민 생태 도감'이다. 해당 동아리를 필두로 많은 학생이 흙을 만지고 자연을 탐험한다. 뒤뜰 저수지에 장화를 신고 들어가 생물을 채취하여 실험 보고서와 논문을 작성하기도 하고, 학교 텃밭에 농사를 짓고 가꾸며 일지를 쓰기도 한다. 더 확장된 탐구를 원할 경우, 근처 마장 저수지로 가서 채집해 올 때도 있다. 지금은 마장호수 출렁다리가 서울 근교의 유명한 관광지가 되어서 사람들이 꽤 많아졌지만, 과거에 마장 저수지로 불렸던 그곳은 원래 한민고 아이들이 주로 이용하는 탐방지였다.

생태에 관심이 있는 학생들은 책에서만 답을 찾는 데 그치는 것이 아니라 직접 몸으로 움직여 호기심을 해결하고 탐구해 보는 경험은 이후 어떤 분야에서든 적극적으로 지식을 체득하려는 습관으로도 이어진다. 일례로, 틈만 나면 생태 탐방로의 연못에서 뜰채를 휘누르며 생태 조사를 하던 한 학생은 졸업 후 수의학도가 되어 야생동물구조센터에서 야생동물을 구조하고 치료, 재활하는 보전 활동을 하고 있다.

생태 탐방로를 걷다 보면 푸르게 펼쳐진 풋살장과 테니스장이 나온다. 시설은 수업에 방해되지 않는 선에서 시간 제한 없이 이용할 수 있다. 여름에는 간이 수영장도 설치하기 때문에 아이들이 몸을 움직일 수 있는 공간이 많아 활발하게 체육 활동을 즐길 수 있는 환경이라는 것도 장점이다. 덕분에 졸업생이 꼽는 한민고의 장점에는 푸른 운동장이 넓게 펼쳐져 있고, 체육 시설이 다양하여 학업 스트레스를 풀기에 좋은 자연환경 역시 포함된다.

비록 하굣길에 사 먹는 분식집 떡볶이나 친구들과 돌아다닐 만한 쇼핑몰이나 코인 노래방은 없지만, 한민고에는 분명히 그와 다른 특별함이 있다. 학교 주변에 별다른 문화 시설이 없다는 것은 한민고에선 단점이 될 수 없다. 오히려 도시에서 쉽게 경험할 수 없는 환경 속에서 보내는 고등학교 시절은 다시 없을 특별한 경험과 추억으로 남을 것이다.

지역 사회 교류를 통한 세계의 확장

한민고는 학교 밖으로 나가도 특별히 갈 곳 없이 지역적으로 고립된 환경이지만 반대로 지역 내에서의 밀접한 교류를 통해 오히려 학교 바깥까지 공동체를 확대해 나가고 있다. 이는 학생들의 활동 반경을 늘리는 동시에 공동체 의식을 함양하는 기회이기도 하다. 우리가 더불어 살아가는 공동체의 일원이라는 것을 깨닫고, 학교가 있는 지역을 사랑하며 지역 발전을 위해 기여하는 것 또한 중요하다는 사실을 배우는 것이다.

지역 사회와 교류하게 된 첫 계기는 학교 축제였다. 당시 인근 마을의 이장님들을 초청하며 마을 분들을 모셔서 축제에 방문하는 학부모님을 대상으로 지역 특산물을 판매하기도 했다. 장단콩으로 만든 두부였는데 반응이 무척 좋았고, 덕분에 학교 축제를 넘어 지역 축제처럼 모두가 즐기는 분위기가 무르익었다. 학교가 그저 또래 아이들끼리 어울리는 고립된 공간이 아니라 지역 공동체를 하나로 묶는 커뮤니티가 될 수 있다는 가능성을 보여 주었던 행사였다.

주변을 둘러보니 인근 지역의 초등학교가 지역적인 한계로 인해 생각보다 많은 교육 혜택을 받지 못하고 있다는 사실을 알게 됐다. 그래서 '한민 길라잡이'라는 교육 봉사 동아리와 국제반 학생들이 나서서 인근 지역 초등학교로 교육 봉사를 나가기 시작했다. 특히 교사가 되고 싶은 학생들이 모여 직접 커리큘럼을 짜고 수학과 영어 등을 가르쳤다. 이 경험을 하면서 자신도 놓쳤던 기초 지식 등을 정확히 깨닫기도 하고, 남에게 가르치는 것이 배우는 일만큼 어렵다는 점 등 많은 것을 배우게 된다.

학교 주변에 있는 지역 유적지에도 관심을 기울이기 시작했다. 한민고 주변에는 윤관장군묘, 용암사, 용미리 마애이불입상, 혜음원지 등의 많은 문화 유산이 분포하고 있다. 그중에서 혜음원지는 고려 시대의 국립 호텔이라고 할 수 있는 역사 유적지로, 한민고에서 4km 정도 떨어져 있다. 지금까지는 그다지 주목을 받지 못했는데, 2022년 11월 12일에 혜음원지 방문자 센터가 개소한다는 소식을 듣게 되었다.

이에 학술제 주제로 혜음원지의 복원에 관심이 있는 학생들이 직접 파주시 학예사님을 만나 관련된 인터뷰를 진행했다. 혜음원지를 AR 기술로 복원하려는 역사적 취지에 대해 공부하는 동시에 학예사라는 직업에 대한 진로 탐색의 시간이기도 했다. 이를 계기로 파주시 학예사님이 한민고 학생들이 혜음원지와 관련된 활동을 하면 좋겠다는 제안을 하셨고, 실제로 학생들이 혜음원지 안내 책자 제작에도 참여하며 초·중·고생들을 대상으로 학생 해설사 활동을 진행하기도 했다. 고등학생들이 진행하는 문화재 해설이다 보니 설명을 듣는 학생들의 눈높이에 맞추어서 역사적 정보를 전달할 수 있어 반응이 뜨거웠다.

또 지역 공동체로서 의미 있었던 활동 중의 하나는 6·25 전쟁 참전 용사분들의 자서전을 발간한 일이었다. 학교 주변에 거주하시는 6·25 전쟁 참전 용사분들이 많다는 사실을 알게 되고 관심을 가진 것에서 시작된 큰 프로젝트였다. 그분들의 생애를 인터뷰해서 책으로 만들면 어떨까 하는 아이디어에서 시작해, 선생님들의 도움을 받으며 학생들이 직접 팀을 짜 참전 용사분들을 대상으로 인터뷰를 진행하고 이야기로 엮어 마침내 책을 발간하기에 이르렀다. 특히 6·25 전쟁 정전 70주년과 맞물려서 더욱 의미가 깊은 활동이었다.

처음에는 자서전 발간이라는 프로젝트를 기획하고 인터뷰를 어떻게 진행할지 방법 위주로 고민하던 아이들은 실제로 참전 용사분들을 만나 이야기를 듣는 과정에서 우리나라가 지나온 참담한 역사를 생생하게 되뇌었다. 그 시대를 직접 겪어 보지 않았음에도 마치 자신이 그 고통을 느낀 것처럼 눈물을 글썽이기도 했다. 학생들이 진행하는 일이다 보니 다소 어설프고 매끄럽지 않은 부분도 있었지만 참전 용사분들은 기꺼이 기억을 꺼내 다정하게 들려주셨다. 아픈 역사를 겪어 온 그분들과 교류하고 교과서에서 배우던 내용을 직접 자신의 손으로 기록하는 일은 학생들로서 쉽게 접할 수 없는 경험이자, 어떤 수업보다도 큰 배움으로 남았다.

신뢰와 사랑이 있는 학교, 꼴찌가 없는 학교

고등학교에 다니는 사춘기 학생들에게는 그 누구보다도 선생님이 미치는 영향력이 매우 크다. 특히 한민고에서는 입학식도 하기 전에 기숙사에 들어와 오리엔테이션 기간을 거치며 처음 소통하는 사람이 바로 선생님이나. 부모님과 연락도 되지 않고, 기댈 곳이 없는 곳에서 아이들은 선생님께 기대고 의지하면서도 혼자 할 수 있는 힘을 길러야 한다.

사실 밖에서는 화려한 결실과 결과를 먼저 보겠지만 교육 현장에서 그 과정을 이끌고 지켜보는 교사에게도 한민고는 환경적으로 어렵고 힘든 부분이 적지 않다. 학교가 곧 집이고 놀이터이며 배움의 공간이 되기 때문에, 아이들이 원하는 활동을 지원해 주기 위해 밤낮으로 근무하는 선생님들이 많다. 아이들의 열정에 따라 다양한 방과 후 활동을 지원하면서도 수준 높은 수업을 준비해야 하고, 단체 생활을 하는 아이들을 심리적으로 보듬어 주는 것까지 선생님들의 중요한 역할이기 때문이다. 교사가 성장해야 아이들도 성장할 수 있다는 생각에 선생님들 역시 발전적인 노력을 게을리하지 않는다.

그렇다 보니 학생을 위하고 사랑하는 마음이 없다면 한민고에서 근무하기가 쉽지는 않다. 특히 한민고등학교는 일반고등학교에 해당하기에 다양한 교육 활동을 하는 데 있어 재정적 제약이 큰 편이다. 이 때문에 시도교육청에서 받은 예산이나 각종 재단에서 후원하는 프로젝트 활동에 직접 응모하여 받은 지원금 등으로 학생들에게 다양한 프로그램을 운영해 주려고 노력한다. 학생들의 높은 열정을 발휘하는 데는 선생님들의 밤낮 없는 노력과 희생이 뒤따르는 것이다. 학교 운영 시에도 학교가 편한 방향으로 운영하기보다는 학생을 위하는 방향이 무엇인지를 끊임없이 고민한다. 재학생들도 그런 점을 잘 알기 때문에 감사한 마음으로 학교생활에 임하고 있다.

실패가 많을 때 성공과 결실을 얻을 수 있기에 목표가 높은 만큼 노력과 대가를 치르며 아이들이 버거워하는 모습을 보는 것도 교사에게는 힘든 일이기도 하다. 그럼에도 불구하고 한민고 학생들과 지내보면 누구나 더 오랫동안 교사 생활을 이어나가고 싶다는 마음이 들 것이다. 때로는 좌절하지만 이를 딛고 하나라도 더 배워서 발전하려는 자세를 지닌 학생들과 함께하다 보면 매 순간이 보람찰 수밖에 없다. 수업할 때도 교사가 일방적으로 수업을 진행하는 것이 아니라 학생들과 함께 교감하고 있다는 감각을 항상 느낀다. 아이들이 진심으로 귀를 기울이고 탐구하고자 하는 에너지를 느끼는 것만큼 교사로서 보람된 일이 있을까? 사교육이 없는 한민고에서 교사와 학생이 서로 믿고 사랑하지 않으면 지금처럼 훌륭한 교육의 질을 추구하고 실현하기는 어려울 것이다. 그 덕분인지 요즘 세상에 이렇게까지 교사를 사랑하는 학생들이 있는 학교는 어디에도 없다는 말을 많이 듣는다. 학생들은 한민고 학생이라는 자부심을 느끼고 선생님들을 존경하며, 교사 역시 학생들을 가르치는 데 보람을 느끼며 서로를 위하다 보니 계속 좋은 시너지를 내고 있다.

높은 열정과 철저한 책임감으로 무장하며 모인 한민고 선생님들의 교육 철학을 들어 보면 여러 가지 의견이 나온다. 아이들이 기본적인 역량을 갖추도록 지도하는 것, 학생들의 자기주도적 참여와 과학적 탐구를 지원하는 것, 실패하더라도 일단 시도하도록 가르치는 것, 학교를 놀이터로 삼아 긍정적인 마인드를 갖추도록 하는 것, 지식의 양이 많은 학생보다 현명하고 지혜로운 학생이 되도록 하는 것, 지적 호기심에 정확한 정보를 제공하여 성장할 수 있도록 지원하는 것 등 각자의 철학을 표지판으로 삼아 아이들을 지도한다.

하지만 결국 한민고 선생님들이 가진 교육에 대한 가치관을 한마디로 정리하자면 '꼴찌가 없는 학교'다. 누구도 성적으로 그 아이를 재단하지 않는다는 의미다. 일등부터 꼴찌까지 모두가 간절하고 열심히 하는 학생들이기 때문에 각자가 좋아하고 잘하는 일을 어떻게 하는지 지켜보고 응원해 주려고 노력한다. 물론 성적은 어쩔 수 없이 숫자로 나타날 수밖에 없으나 각자의 속도에 따라 성장할 수 있도록 선생님들은 늘 가능성과 기회를 열어 두고 있다.

한민고의 선생님들은 아이들 한 명 한 명이 모두 '잘' 되기를 바라는 마음으로 함께하고 있다. 명문대에 가고 대기업에 취업하기만을 바란다면 한민고의 엄청난 업무량을 감당할 수 없을 것이다. 학생들이 각자 하고 싶은 일을 찾아서 저마다의 길을 가고, 스스로 행복해지는 방법을 찾는 어른으로 성장하기를 바란다. 그렇기 때문에 교사이자 어른으로서 최선의 역할을 다하려고 노력한다. 학생들이 사회에서 각자의 재능을 꽃피우는 순간을 완성하기까지 한민고에서의 생활이 좋은 밑거름이 될 수 있도록 말이다.

평범함을 반짝 빛내 준 나의 선생님!

1기 동유민(한국교원대학교 미술교육과 졸업)

아지도 '한민고'를 떠올리면 늘 그리우면서도 한편으론 엊그제 같은데, 벌써 개교 10주년이 되었다니 믿을 수가 없네요. 대학 생활을 하면서 문득문득 한민고에서의 배움이 떠올랐던 순간들에 대해 솔직하게 이야기해 보고자 합니다.

저는 한민고 선생님들을 보며 교사의 꿈을 가졌을 만큼 우리 한민고 선생님들에게 관심과 애정이 많은 학생입니다. 그전엔 아버지 직업 특성상 잦은 이사로 2년 이상 같은 학교에 다닌 적이 없었습니다. 한민고에 진학 후 비로소 학교에 애정을 가질 수 있었고 그곳에서 친구들, 선생님과 오랜 시간 함께 생활하며 우리는 가족과도 같은 정을 나누었습니다. 제가 기억하는 한민고 선생님들은 학생을 위해 도전하는 분들이었습니다. 그래서 저는 선생님들의 행동 하나하나에 관심과 호기심을 가지게 되었고, 저 또한 그러한 선생님이 되고 싶다는 꿈을 만들어 주었습니다.

저는 미술을 좋아하던 아이였지만 막상 미래를 어떻게 준비해야 할지 막막했습니다. 그때 방황하던 저의 손을 잡아 주시고 고민을 들어주신 분이 담임 선생님이셨습니다. 진심으로 저를 위한 현실적인 조언도 해 주셨습니다. 체계적으로 미술 입시를 준비하려면 전학을 가는 것도 고려해 보라는 말씀을 해 주셨을 때, 오로지 학생을 걱정하고 위하는 선생님의 마음에 크게 감동했습니다. 저는 한민고 안에서 이미 배움의 즐거움을 크게 느꼈고, 그 즐거움을 내려놓고 싶지 않았습니다. 저에게 주어진 상황 속에서 최선을 다하는 방법을 고민했습니다.

먼저 교육 봉사 동아리에 가입하여 근처 초등학교 학생들을 대상으로 교육 봉사 활동을 진행했습니다. 학생들에게 친근하게 다가가며 영어나 수학 등 학습적으로 어려움을 느끼는 부분을 봐주었습니다. 그리고 나아가 한민고의 다양한 동아리와 연계하여 특색 있는 수업을 진행했습니다. 아이들의 관심사를 고려하여 내용을 준비하였기에 성공적으로 수업을 마칠 수 있었습니다. 특히 미술 동아리와 연계한 교육 봉사 시간이 제 뇌리에 깊게 박혔습니다. 무엇이 제 가슴을 뛰게 하는지 명확히 확인할 수 있는 시간이었습니다. 그리하여 미술을 향한 제 열정은 다시 살아났고, 제 역량과 꿈을 모두 펼칠 수 있도록 한국교원대 미술교육과에 진학하게 되었습니다.

대학에서 공부하면 할수록 제가 한민고에서 배운 것의 가치를 더 깊게 느낄 수 있었습니다. 교육 연수 프로그램을 구상하거나 다양한 교육 활동을 계획할 때 한민고에서의 경험이 크게 도움이 되었습니다. 단순한 교과 수업만 했던 다른 학교와 다르게 제 기억의 한민고는 늘 특색있고 다양한 활동이 많았습니다. 자칫 평범하게 지나칠 뻔했던 저의 능력을 발견하고 키워 주었습니다. 대학교 재학 중 과제를 하기 위해 아이디어를 개발할 때마다 전부 고등학교에서 했던 것이라고 말하면 주변의 동기들이 늘 "이런 활동을 고등학생 때 해 본 것이 대단하다, 좋겠다."라고 말해 주었습니다.

가장 인상 깊게 기억하는 것은 'STEAM 융합 수업'입니다. STEAM 융합 수업은 기존의 전형적인 수업의 틀을 완전히 벗어난 형태였습니다. 한 시간의 수업에 두세 명의 교과 선생님들이 들어오셔서 하나의 주제를 각 교과의 관점으로 다루어서 재미있게 이야기해 주시는 것이 신선하고 재밌었습니다. 첫 시간의 키워드는 '인류'였습니다. 이 키워드를 중심으로 한국사 선생님은 고대 역사의 발전을 이야기해 주셨고 생물 선생님은 인류의 생물학적 진화를 얘기해 주셨습니다. 그리고 미술 선생님께서는 동물 벽화 등의 예시를 들어 인류 문화의 발생을 이야기해 주셨습니다. 각 교과에서는 당연하게 다루는 내용일 수 있으나, 이것들을 함께 묶어서 듣고 연결하니 사고의 외연을 확장하는 데 큰 힘이 되었습니다.

그때의 경험이 좋은 기억이 되어 대학교에 진학한 후 그 분야에 대해 꾸준한 관심을 가졌습니다. 교육 봉사에서 수업 내용을 구상할 때도 그때 배웠던 융합 수업 모형을 활용해 보았습니다. 대부분의 대학교 동기들이 STEAM 수업을 이론으로만 접하는 것과는 달리, 저는 한민고에서 직접 체험했기에 수업을 구상할 때 남보다 수월했습니다. 그러다 보니 시간이 지나면 지날수록 한민고 선생님들이 노력에 더욱더 감사하게 되었습니다. 학생 입장에서는 단지 한 시간의 수업이지만, 이를 준비하는 선생님에겐 꽤 까다로운 수업이었을 것이기 때문입니다.

이제 제가 수업을 하는 위치가 되어 보니 내 전공 하나만으로도 수업을 계속 준비하기가 벅찬데 우리 학교 선생님들은 그걸 넘어서 한 걸음 더 나아가고 계셨다는 것을 깨달았습니다. 수업에서 보이는 것만이 전부가 아니라, 그 뒤에 선생님들의 숨은 노력이 있었음을 깨달았습니다.

저는 이러한 경험을 발전시켜 지구과학교육과 친구들과 국립대학육성사업 교육 연구 프로그램(ERP) 대회에 STEAM 교육 모형을 개발해 참가했습니다. 교과 간 유연하게 사고하는 역량을 기르기 위해 과학의 귀추법과 미술의 발산적 사고의 공통점을 찾아 새로운 가치를 지닌 과학·미술 융합 수업 모형을 제시하였고, 이를 정리한 논문, 〈창의성을 중심으로 한 과학·미술 융합 수업 방안 연구: 귀추법과 발산적 사고를 중심으로〉로 최우수상을 받았습니다.

상도 상이지만 교과 간 융합을 하는 지도안 구상 자체가 저에겐 큰 도전이었습니다. 각 교과에서 다루는 개념도 다르기에 개념적 오류가 없는 수업을 만들기 위해 부단히 노력했습니다. 이런 과정을 치르면서 한민고 선생님들께서 항상 남다른 수업을 시도하시기 위해 얼마나 큰 노력을 하셨을지 그 어려움을 새삼 깨닫고 공감하게 되었습니다. 모든 선생님들께서는 늘 동료 선생님들과 협력하는 모습을 보여 주셨고 그것이 저에게 많은 영향을 주었습니다. 선생님들께서 학생들에게 전혀 내색하지 않으셨던 고충을 이제 같은 교사의 길을 뒤이어 걸어가는 후배가 되어 보니 알게 되었습니다.

그 외에도 학부 수업을 듣는 내내 한민고 선생님들이 얼마나 훌륭하신 분들이었는지 알게 되었습니다. 학생을 위한 프로그램을 진행하는 좋은 환경의 학교를 제가 다녔다는 것을 대학에 와서야 깨달았습니다. 주어진 수업을 계획하는 것만으로도 벅찬데 학생들을 위해 다양한 활동을 계획하려면 더 큰 노력이 필요하기 때문입니다. 저 역시 매우 힘들고 벅찼지만, 멈추지 않고 노력했습니다. 왜냐하면 제가 한민고에서 그런 가르침을 받았고, 그때의 배움이 제가 교사가 될 수 있었던 원동력이 됐기 때문입니다. 그래서 과정은 복잡하고 힘들더라도 학생들에게 지식적 배움뿐 아니라 다양한 경험을 제공하여 좋은 기억을 심어 주는 교사가 되고 싶습니다.

정말 감사하게도 저는 한민고 1기 졸업식에서 졸업생 대표로 상을 받았습니다. 이 상이 특히 더 저에게 의미 있는 이유

는 바로 한민고 선생님들께서 저를 수상자로 직접 추천해 주
셨기 때문입니다. 저는 성적 면에서 다른 친구들보다 월등히
뛰어난 것도 아니고, 특정 분야를 휘어잡을 만한 특출난 학생
도 아니었습니다. 지극히 평범했지만, 무엇보다도 성실히 학교
생활에 임했다는 이유로 저를 믿어 주시고 기억해 주신 게 너
무 감사했습니다. 선생님들께서 제게 이 상을 주신 것은 앞으
로의 제 삶에 굳건한 믿음과 지지를 보내 주시는 메시지라는
생각이 들었습니다. 제가 훗날 교사가 된다면 한민고 선생님들
처럼 학생들에게 선한 영향력을 미치는 사람이 되고 싶습니다.

늘 좋은 교육을 위해 고민하시고 우리를 위해 애써 주신 선
생님들의 모습이 아직도 떠오릅니다. 진로로 방황하던 시기마
다 함께 머리를 맞대고 고민해 주시던 선생님, 개교 이래 첫
축제 준비를 위해 한 달 내내 밤새 학생회 친구들과 함께 남아
고생해 주시던 선생님, 복도나 교무실 등에서 오며 가며 늘 반
겨 주시던 선생님들, 항상 따뜻하게 응원의 말을 전해 주시던
담임 선생님까지. 제가 한민고에서 배운 많은 것들이 전부 선
생님들의 피와 땀이 어린 노력과 열정 덕분에 만들어 졌다는
걸 새삼 깨달았습니다. 저뿐만 아니라 한민고를 다닌 학생들이
라면 모두 선생님들에 대한 애틋한 마음이 가슴 속에 남아 있
다고 생각합니다. 이번 기회를 빌려 한민고 선생님들께 감사
인사를 전하고 싶습니다.

야생동물 사랑꾼, 수의대에 가다

2기 강주호(전북대학교 수의학과 재학)

글을 시작하며

안녕하십니까. 저는 한민고등학교 2기 졸업생 강주호입니다. 현재 전북대학교 수의학과에서 동물을 공부하고 있습니다. 야생동물과 생태계 보전에 기여하고 싶어서 오늘을 열심히 살아가는 평범한 대학생입니다. 오늘 제 한민고 생활에 대해 몇 가지 생각나는 점을 적어 볼까 합니다. 부족한 글솜씨지만 따뜻한 마음으로 봐주시길 바랍니다.

한민고의 첫인상

중학교 때까지 나는 언제나 공부에 몰두할 수 있는 학생이 아니었다. 교과 공부에만 오롯이 집중하기 힘들어하는 학생이었다. 학교 수업을 듣다가 궁금한 내용이 생기면 관련된 책을 찾아 읽어야만 성에 찼고, 공부하는 내용이 내 관심사에 닿아 있다는 것을 납득이 가야 머리에 잘 들어왔다. 게다가 좋아하는 일을 하며 머리를 식히는 시간도 필요했다. 그러다 보니 학교가 끝난 후 학원에서 교과 공부를 이어 가는 것보다도 나만의 시간을 가지고 스스로 의미를 찾으면서 공부했을 때 좋은 결과가 나왔다.

중학교 3학년이 되자 부모님이 고민에 빠지셨다. 내가 학원을 전혀 다니지 않고 고등학교 공부를 제대로 할 수 있을지, 아주 많은 시간이 주어질 텐데 그동안 지치지 않고 공부할 수 있을지 걱정을 많이 하셨다. 그러던 차에 진로 진학 선생님의 소개를 받아 한민고 입학설명회에 참석하게 되었다. 한민고는 학원에 다니지 않고 스스로 생각하면서 공부할 수 있고, 교과 공부 외에도 다양한 경험을 할 수 있다는 점이 나와 잘 맞는다는 생각이 들어 좋은 인상을 받았다. 처음 방문한 학교는 넓은 부지와 학교, 탁 트인 전경으로 나를 압도했다. 학교 뒤쪽에 놓인 생태탐방로를 따라 오르니 연못과 계곡, 숲이 있고 평화로운 새소리가 들려와 무척 편안한 느낌이 들었다. 답답하지 않은 분위기에서 공부할 수 있을 거라 확신했고, 결국 난 한민고에 지원하게 되었다.

새록새록 떠오르는 한민 생활

한민고에 와서 가장 놀라웠던 것은 만난 친구들 모두가 각자의 열정을 가지고 있다는 것이었다. 소소하지만 좋아하는 것, 거창하지만 장래에 하고 싶은 일 등 본인이 좋아하는 분야의 이야기가 시작하면 눈빛이 반짝거리는 친구들이 모여 있었다. 여러 물리학자의 이름을 대며 CERN(유럽입자물리연구소)에 꼭 들어가겠다고 말하는 친구, 곤충의 이름을 물어보면 뭐든 바로바로 알려 주는 친구, 밤하늘의 별들을 끊임없이 설명할 수 있는 친구가 기숙사 이웃으로 있었다. 그 다양한 열정들 사이에 있는 것은 정말 행복한 일이었고, 내 열정도 끊임없이 타오를 수 있게 만들어 주었다.

더 좋았던 건 학교가 그 작은 열성들을 결코 사소한 것으로 치부하지 않아 주었다는 것이다. 개개인의 열정을 키우고 실현할 방법을 같이 고민해 주었다. 과제연구 수업을 통해 좋아하는 분야의 지식을 탐구할 수 있었고, 교과과정과 연계되면서도 다양한 방과후수업을 선택해 들을 수 있었다. 각 교과 선생님들도 교과 내용에 대한 충실한 이해를 돕는 것은 물론 학생 각자의 다양한 관심사를 연결하여 탐구할 수 있도록 노력하셨다. 좋아하는 것에 대한 열정을 학업의 방해물이 아니라 길잡이로 여기고 이끌어 주시는 것이 큰 감동이었다.

학교 행사 진행에서도 학생의 의사가 존중받는다는 느낌을 받았다. 우리는 해외 체험학습을 직접 기획해 볼 수 있었다. 제일 먼저 가고 싶은 나라를 정하고 여행 계획을 직접 짜보았다. 물론 기획안을 보고 여행사와 협의하여 실현 가능한 부분에 대한 타협도 필요했으나 우리가 직접 찾고 기획한 것이 체험학습 기간에 그대로 실현되는 것이 너무나 흥분됐다. 나는 오스트레일리아 체험학습 기획에 참여했으며 호주의 자연환경을 두루 둘러볼 수 있는 장소를 기획안에 넣었고 실제로 이 기획안대로 체험학습이 진행되었다.

한민고에서의 생활은 이처럼 개개인의 열정을 발전시키고 의사를 존중받는 방식으로 이루어졌다. 자연스럽게 자율적으로 공부할 수 있는 분위기가 형성되었고, 학교생활 내내 공부가 지루하지 않게 느껴졌다. 이렇게 학교에서 자율적으로 열정을 키워나갔던 경험은 대학에 와서도 자신 있는 나의 행보에 영향을 미쳤고, 지금도 나는 나의 열정을 태우며 학업 외에도 다방면에 대한 뜨거운 관심을 이어 나가고 있다.

천혜의 자연, 그 속에서 누리는 학교생활

학교에서는 독서를 많이 장려하는 분위기였다. 더군다나 전자기기도 자유롭게 사용할 수 없다 보니 자의 반, 타의 반으로 책을 가까이할 수 있었다. 그때의 나는 야생동물과 생태계와 관련된 책을 많이 읽었다. 야생동물들의 삶이 현재 얼마나 크게 위협받고 있는지 생태계 파괴의 심각성을 깨닫고, 야생동물이나 생태계 보전에 기여하는 사람이 되고 싶다는 생각이 들었다. 그때는 전자기기를 많이 못 쓰는 것에 꽤 목이 말랐는데 지나고 보니 자연스럽게 책과 가까이 지낼 수 있었던 그 시간이 있었기에 지금의 나를 만들 수 있었다는 생각이 든다.

   마침 학교에서는 다양한 분야의 과학자를 초청해 강의를 진행하고 학생들과 질의응답 시간을 갖는 '한민 포럼'이라는 프로그램을 운영하고 있었다. 나는 기꺼이 학생 조교로 지원했고 강의실 준비 등을 돕는 역할을 했다. 그 덕에 많은 과학자분을 직접 만나고 내 생각을 말씀드리며 귀한 조언을 구할 수 있었다. 그때 나에게 도움이 될 만한 학문 분야가 무엇인지 알 수 있게 되었고, 동물 보호에 앞서 기본적인 생태상에 대한 이해가 우선되어야 함을 깨달을 수 있었다. 막연했던 내 관심사가 한층 구체화할 수 있었던 시간이었다.

   당시 나는 주말이나 평일 식사 시간 등 틈이 날 때마다 학교의 생태탐방로와 연못 등을 산책하며 동물을 관찰하는 것이 낙이었다. 학교에는 온갖 곤충과 새, 개구리 등이 있었고, 가끔 고라니도 볼 수 있었다. 연못의 상류 계곡에서는 가재가 나올 정도로 깨끗한 자연환경이 보전된 곳이었다. 앞서 들었던 조언을 참고하여 이제부터는 단순한 관찰을 넘어 학교 생태환경에 대해 정확히 파악하고 싶다는 생각이 들었다. 거기에 학교에 새로 오신 생명과학 선생님께서 마침 분류학 박사라는 소식을 듣고 무작정 찾아뵙고 내 생각을 말씀드렸다. 어떻게 보면 조금 무모하고 귀찮을 수 있었던 나의 당돌한 방문에도 선생님께서는 기꺼이 응해 주셨다. 선생님께서는 학교 내 연못과 계곡의 무척추동물 생태상을 파악하여 다른 장소와 비교해 보자고 말씀해 주셨고 그렇게 나는 주말마다 장화를 신고 신나게 생태 환경조사 활동을 할 수 있었다. 나는 뜰채로 연못에 직접 들어가 동물들을 채집했다. 그리고 이를 현미경 관찰로 동정하여 통계를 내는 작업을 했다. 육체적으로 매우 고된 시간의 연속이었지만 너무 즐겁고 행복해서 피로가 느껴지지 않을 정도였다. 그때의 난 내가 갈 길이 무엇인지 더 단단하게 다진 시간이었다.

문득 내가 한민고에 가지 않았다면 이런 경험을 해 볼 수 있었으려나 생각이 든다. 그저 평범하고 공부에만 전념했을지도 모른다. 내가 좋아하는 것을 하면서 가슴이 벅차오르는 경험은 해 보지 못했을 수도 있다. 남들은 한민고가 시골 산속 험준한 곳에 있어서 힘들다고 하지만 난 천혜의 자연을 품은 한민고가 있어서 행복했다. 지금도 그때 얻은 값진 경험을 발판 삼아 내가 하고 싶은 일을 행복하고 자신감 있게 해 나가고 있다.

야생동물 사랑꾼, 수의대에 가다

나는 야생동물을 사랑하기 위해 태어난 사람이다. 야생동물이라는 단어만 들어도 가슴이 콩닥콩닥 뛰고 좋아서 어찌할 바를 모르겠다. 언제부턴지 모르겠지만 부모님 말씀에 의하면 아주 어릴 때부터 이 사랑은 시작되었다고 한다. 물론 그 또래 어린이는 공룡이나 동물류를 사랑하는 경우가 많다. 그래서 여느 어린이와 다르지 않다고 여기셨는데 아직도 이렇게 야생동물에 빠져 살 줄은 모르셨다고 한다. 사실 부모님을 비롯해 주변의 많은 이들은 나를 신기하게 여긴다. 동물에 대해 이렇게까지 관심을 가져 본 적이 없기 때문이다. 왜 그렇게까지 좋아하는지 많은 질문을 받는데 나 역시도 그 답을 찾아보려고 노력했지만 마땅한 답이 떠오르지 않는다. 그냥 좋다. 특별한 것은 내가 야생동물을 좋아하는 이유 따위가 아니라 그냥 야생동물 존재 자체가 특별함을 갖는다. 그러니 당연히 빠져들 수밖에 없었다고 말할 수밖에 없다.

조선 시대 문인 유한준은 "알면 참으로 사랑하게 되고, 사랑하면 참으로 보게 된다."라고 말하였다. 이 글은 본디 그림에 대해 덧붙인 설명이지만, 내가 야생동물을 사랑하는 마음을 잘 드러내 주어서 좋아하는 문장이다. 나의 사랑은 자연스럽게 야생동물 공부로 이어졌다. 아는 것과 사랑하는 것, 그것을 보는 것은 서로 긴밀하게 얽혀 있다. 좋아하면 당연히 알고 싶어진다. 알면 알수록 더 예쁘게 보인다. 학창 시절 내내 나는 야생동물에 대한 열정을 품고 살았다. 그리고 학교의 그 누구도 나의 열정을 가볍게 여기지 않고 이상하게 보지도 않았다. 그 점이 돌이켜보면 가장 감사한 점인 것 같다.

난 늘 수많은 야생동물 관련 책과 다큐멘터리 영상 등을 섭렵했는데, 어느 날 펭귄이 나오는 책을 읽고 펭귄 다큐멘터리를 보니 더 귀엽게 보이는 경험을 했다. 신기했다. 동물에 대한 지식이 늘어나면 동물이 더 예뻐 보였다. 그 경험 이후로 더욱더 책에 빠져 모든 것을 섭렵하기 시작했다.

각각의 동물이 보여 주는 모습은 각양각색이다. 종(種)마다 환경에 적응하기 위해 터득한 생존 양식이 다르고, 그것에서 비롯된 아름다움이 경이로웠다. 이렇게 각기 개성을 가진 동물들이지만 그들에게는 한가지 공통으로 맞닥뜨린 현실이 있다. 바로 지금 이 시각 그들 삶의 터전인 생태계가 무너지고 있다는 것이다. 지구의 야생동물들은 사라지고 있다. 야생동물에 대해 알면 알수록, 이 위기의 심각성이 더 또렷하게 보였다. 아마 자신이 좋아하는 것이 지구상에서 완전히 없어질 위기에 처했다고 생각해 보면 이것을 어떻게 하면 막을 수 있을지 그 방법을 고민하고 어떤 일이 있어도 지켜야 한다는 사명감에 불타게 될 것이다.

그런 도움이 되는 사람이 되려면 더 전문적인 학습이 필요했다. 교내 생태상 조사가 즐거웠고, 관련 지식을 알면 알수록 더욱 아름다워지는 존재임을 알았기에 처음에는 생물학과에 진학하여 생태학자가 되어야겠다고 생각했다. 그러던 어느 날, 우연히 고3이던 2017년에 우리나라에서 세계 수의사대회가 개최된다는 사실을 접하게 되었다. 전 세계 수의사들이 인천에 모여 2050년 미래 수의사의 역할과 비전에 대해 논의한 후 세상에 선언한 기사문을 보았다. 그 선언 내용에는 '원 헬스(One Health)', 생태계의 건강, 동물의 건강, 인간의 건강이 밀접하게 하나로 연결되어 있다는 점을 강조하며 수의사라면 생태계 내의 동물-사람-환경 접점을 다루는 생태계의 수호자가 되어야 한다고 적혀 있었다. 이 선언문을 통해 수의학도 생태계와 야생동물 보전을 위해 할 수 있는 일이 많다는 것을 깨닫고 수의학자의 길에 관심이 생겼다.

수의학도로서 야생동물을 만나는 길

수의과대학의 교육과정은 총 6년으로, 수의예과(예과) 2년과 수의학과(본과) 4년으로 이루어진다. 학교에 따라 차이가 있지만 보통 수의과대학에서는 예과 2년간 교양과목 및 기초과학 강의를 통해 수의학을 배울 준비를 하고, 본과에 진학해 앞 2년간 기초수의학과 예방수의학, 뒤 2년간 임상 수의학을 배우게 된다. 이러한 6년 과정을 마치고 국가시험에 합격하면 수의사 면허를 취득할 수 있다. 수의사법에 따르면 수의사 제도의 목직은 동물의 건강증진, 축산업의 발전과 공중위생의 향상이며, 수의사의 직무는 동물의 진료 및 보건과 축산물의 위생 검사라고 되어 있다. 수의사는 이렇듯 공중보건의 향상과 동물의 건강을 위해 다양한 분야에서 일하게 된다. 나는 이 중에서도 야생동물과 생태계의 건강증진, 나아가 공중보건 향상에 힘쓰는 수의사로 일하고 싶다.

한민고에서의 자기주도적 생활 경험은 수의대 생활에도 크게 도움이 되었다. 수업을 듣는 것 자체로 만족하지 않고 내가 할 수 있는 일을 직접 찾아다니게 되었다. 한민고에서 스스로 경험하고 체득해야 온전히 내 것으로 만들던 내 습관은 수의대의 나를 더욱 부지런히 움직이도록 만들었다. 수의과대학 6년 생활 동안 야생동물 전문가의 밑거름을 최대한 쌓으려고 노력했다. 먼저 나는 야생동물의학연구실에 들어가 야생동물의 구조원인 통계를 분석하는 연구에 참여했다. 또한 방학마다 전북야생동물구조센터의 실습생으로 지원하여 수의사와 재활사 선생님들을 보조하고 있다. 야생동물구조센터는 질병에 걸리거나 다친 야생동물을 구호·치료하고 어미를 잃은 새끼 야생동물을 구조하여 치료와 보호, 재활을 거쳐 다시 야생으로 돌려보내는 등의 일을 한다. 야생동물에 직접 다가가 실질적 보전 활동을 하는 곳이다. 또한 환경부의 야생동물 질병 전문인력 워크숍에 꾸준히 참여하고 어름치 방류행사의 스태프로 봉사하는 등 다양한 경험을 하기 위해 노력하고 있다. 이렇듯 다양한 경험을 통해 졸업한 후 '야생동물' 하면 가장 먼저 생각나는 수의사로 성장하고 싶고 오늘도 그 꿈을 이루기 위해 움직인다.

글을 마치며

이 글을 쓰며 오랜만에 한민고 연못에서 뜰채를 휘두르던 그때의 기억이 선명해지며 진한 여운이 느껴집니다. 오늘도 어떤 한민인이 생태탐방로에서 휴식을 취하거나 친구와 수다를 떨거나 잠시 생각을 멈추고 하늘을 바라보고 있지 않을까 상상해 봅니다. 지나고 보니 모든 것이 추억이 되며 아련한 마음이 듭니다. 한민고는 제 삶을 얘기할 때 결코 빼놓을 수 없는 곳이 되었습니다. 이 글을 적으며 감사한 마음을 다시 한번 새겨보고, 오늘도 저는 사랑하는 야생동물을 돌보러 떠나 보겠습니다. 감사합니다.

AI 시대를 이끌어 갈 글로벌 인재

AI 시대에는 인간만이 가능한 역량이 필요하다

미래에 다가올 4차 산업혁명 시대에서 인공지능은 인간이 결코 따라갈 수 없을 만큼 방대한 지식을 자랑할 것이다. 암기식 지식이 필요한 영역은 인공지능이 대체하게 될 것이고, 이미 세상은 그렇게 변화하고 있다. 그렇다면 앞으로 4차 산업혁명 시대를 이끌어갈 미래 인재에게 필요한 역량은 무엇일까? 전문가들은 AI 시대에 대비하기 위해서는 앞으로 창의 융합형 인재를 길러내야 한다고 말한다. 다양한 분야에 대한 지식을 바탕으로 그것을 창의적으로 연결하고 융합하여 새로운 가능성을 발견하고 문제를 해결할 수 있는 능력이 핵심이 될 것이기 때문이다.

창의성은 세상에 없던 것을 생각해 내는 것이 아니라, 기존에 존재하는 두세 가지의 영역을 동시에 생각하고 연결했을 때 발휘되는 경우가 많다. 자신의 전공이나 관심사에만 몰두해서 한 우물을 파면 성공하는 시대가 아니라, 다방면에 대한 호기심과 탐구를 바탕으로 새로운 가치를 창출해 낼 수 있어야 성공하는 시대다. 이 때문에 세계적으로 창의 융합형 인재를 기르기 위한 교육 방식에 관심이 높아지고 있다.

기존 교과 수업 내용을 과목별로 융합하여 연결 짓는 교과별 융합 수업은 오래전부터 한민고에서 이루어져 왔다. 지금은 꽤 많은 학교에서 시도하고 있지만, 그 당시 고등학교에서 융합 수업을 실현하는 일은 드물었기에 한민고가 거의 시초에 가까웠다. 2014년 개교 당시부터 전교생을 대상으로 했던 교과별 융합 수업은 전 교사가 투입된 대대적인 프로젝트였다. 반마다 배정된 융합 수업 시간에 교과 교사 세 명이 들어가 함께 수업을 진행했다. 그러다 보니 시간표 구성이 어려워서 각기 수업 시수에 한두 시간을 더 할애해야 했기에 교사의 노력과 헌신도 많이 필요한 방식이었다.

수업 시간에는 하나의 주제를 주고, 그 주제를 교과별 관점에서 생각해 볼 수 있게 했다. 이를 바탕으로 학생들이 그 분야별 생각을 토대로 지식체계를 재정립하는 것이다. 예를 들어 '인류'라는 키워드를 주제로 삼았다면 역사 선생님이 고대 역사의 발전을 이야기하고 생물 선생님은 인류의 생물학적 진화에 대해, 미술 선생님은 벽화 등을 예시로 인류 문화의 발생을 이야기한다. 각 교과에서 따로 다루는 영역을 연결하여 전체의 큰 그림을 그려 볼 수 있는 활동이다.

그 밖에도 한민고는 SW교육 선도학교(2016~2017), SW융합교과 중점학교(2020), 인공지능(AI) 융합교육 중심고교(2021~)*로 선정되어 고등학교 AI 융합교육을 선도하고 있다. 인공지능은 우리 주변에 있는 여러 가지 현상을 수치화하고, 이를 모델링하여 분석, 예측하는 기술이다. 복잡한 문제를 예측하고 해결하는 데 있어 유용한 도구이기 때문에 이는 인공지능이 정보과학의 한 분야이기는 하지만 정보과학 외에도 다양한 분야에서 활용할 수 있는 이유이기도 하다. 대량의 데이터를 분석하고 패턴을 식별하여 예측 모델을 구축하고 추론할 수 있어 이를 통해 의학, 금융, 기후 변화 예측 등 다양한 분야에 활용할 수 있기 때문이다.

그러나 아무리 똑똑한 인공지능이 있어도 그 능력을 십분 활용하기 위해서는 결국 사람이 인공지능에 대한 이해를 바탕으로 이를 적재적소에 사용할 수 있는 능력을 갖춰야 한다. 지금의 챗GPT도 만능 AI처럼 이야기되고 있지만 정말 실무적으로 필요한 결과물을 얻기 위해서는 좋은 질문을 던질 줄 알아야 한다. 궁극적으로는 인공지능을 활용한 인간의 문제 예측과 해결 능력이 필요한 것이다. 결국 앞으로 어떤 분야든 인공지능을 잘 활용할 줄 아는 능력이 개인의 역량으로 여겨지는 시대가 올 것이다.

---

* 유연하고 창의적인 환경에서 다양한 인공지능 교육 활동을 주도하고 우수 사례를 개발하는 학교를 말한다.

한민고에서는 인공지능에 관련된 기초 소양을 배울 수 있도록 1학년 교육과정에 편성되어 있는 '정보' 교과목을 중심으로 인공지능을 다루고 있다. 이는 1학년 1, 2학기 총 4단위로 구성되어 있으며, 수업은 계열과 무관하게 모든 학생을 대상으로 진행된다. 이후 교육과정에서의 선택 과목을 중심으로 정보과학, 컴퓨터공학, 인공지능 관련 학과로 진학하고자 하는 학생들은 보다 심화 학습을 하게 된다.

교과별 AI 융합교육 활동은 정규 교과 수업 중 운영하고 있는데, 각 교과에서 교과 특성을 살린 AI 융합 주제를 선정하여 수업을 진행한다. 이를테면 국어에서는 AI 시대의 글쓰기, 수학에서는 블록 기반 프로그래밍, 지구과학에서는 슈퍼컴퓨터를 이용한 일기예보, 한국지리에서는 AI를 기반으로 한 백두대간 생태 여행, 음악에서는 AI 기반의 음악 산업 탐구, 윤리에서는 인공지능과 윤리적 딜레마 등을 다루는 식이다. 이와 같은 AI 융합 수업 주간에 대해 아이들도 신선하고 재미있다는 반응이 많다. 인공지능은 앞으로 살아가면서 더욱 밀접하게 접하게 될 기술인 만큼 이를 다른 영역의 지식과 융합하여 활용할 수 있다면 그 활용 가능성은 무궁무진할 것이다. 이러한 사고 능력을 바탕으로 더 구체적이고 새로운 미래를 꿈꿀 수 있는 기반을 다지길 바라는 마음이다.

또한 AI 융합 교육의 주간에는 VR* 메타버스, 머신러닝**
빅데이터***, 인공지능 챗봇****, 건축공학, 시뮬레이션, AI 로
보틱스, 로봇 코딩 등 각종 AI 기능을 체험한다. 수업 시간뿐
만 아니라 동아리 활동에서도 학생들이 주도하여 AI 기술을
활용하기도 했다. AI와 인간의 융합을 직접 체험할 수 있었던
대표적인 사례는 한민오케스트라와 AI 로봇의 협연이었다. 오
랜 준비 기간을 거쳐 AI 로봇과 오케스트라가 합동 연주를 진
행했고, 이와 더불어 공학동아리 '엔지니어스'와 한국주니어사
관(JROTC, Junior ROTC)의 특색 있는 퍼포먼스도 펼쳐졌다. 폐
지전거 구동 동력을 활용한 LED의 화려한 불빛 아래 AI 인주
로봇과 한민오케스트라의 연주는 인간과 공학, 과학과 예술의
융합을 꽃피운 현장이었다.

---

*   Virtual Reality. 현실 공간처럼 고도의 몰입감을 느끼며 체험하는 3차원 가상 세계.

**   Machine Learning. 인공지능 연구 분야 중 하나로, 인간의 학습 능력과 같은 기능을 컴
      퓨터에서 실현하고자 하는 기술 및 기법.

***   Big Data, 디지털 환경에서 생성되는 대규모의 데이터. 아날로그 환경에 비해 데이터의
      양이 폭증하면서 데이터 분석과 요약 및 예측이 미래 경쟁력에서 우위를 좌우하는 주요
      자원이 됨.

**** Chatter Robot. 인공지능 빅데이터 분석을 바탕으로 일상언어로 사람과 대화를 하며
      해답을 주는 대화형 메신저.

대한민국을 넘어 세계로 가능성을 넓히는 일

　빠른 속도로 변하는 세상에서 우리는 앞으로 항상 예측할 수 없는 미래와 맞닥뜨리게 될 것이다. 이에 변화를 불안해하고 걱정하는 사람도 있겠지만, 오히려 새로운 길을 찾는 사람도 있을 것이다. 주도적인 학습 능력을 갖추고 융합적인 사고 능력을 키워 나간 아이들은 다양한 글로벌 무대와 가능성을 접하며 두려워하기보다는 기대감에 눈을 빛낸다.

　최근 한민고에는 국제반이 신설되었다. 해외 자매학교, 해외 대학들과 활발하게 교류하여 견문을 넓히고 최종적으로는 해외 유수 대학에 진학하는 목표를 가진 학생들이다. 교과에서는 영문학이나 영어학 수업이 진행되고, 그 외에도 구체적인 활동으로는 해외 대학 탐방, 해외 대학 학생과의 교류, 인문학 수업, 명사 초청 특강 등이 있다. 인문학 수업 '문리학'은 물리학과 인문학을 합친 말로, 인문과 자연 계열을 넘나드는 수업이다. 서울 프리덤 포럼 등의 국제회의에 참석하거나 해외 자매학교와 온라인 프로젝트 교환 수업을 진행하기도 했다. 또한 학생들이 직접 기획하고 집행하는 영문 잡지도 매년 발간하고 있다. 특집기사, 비교과, 사회, 문화 등 다양한 분야의 내용을 취재하여 1년 동안의 학교의 역사를 기록하고 다양한 이슈에 대해 참신한 시각으로 기사를 작성하는 활동이다.
　더 넓은 국제무대로 나아가기 위해서는 기본적인 언어 능력과 특정 분야에 대한 전문성은 물론이고, 다양한 문화를 접하고 이해하며 복합적으로 세상을 바라볼 수 있는 관점을 키울 필요가 있다. 자신이 알고 있던 세상에 갇히지 않고 다른 문화를 열린 마음으로 들여다보는 동시에 이를 자신의 관점에서 융합적으로 녹여내고 주체적으로 사고할 수 있어야 한다. 해외 대학이나 학생들과의 교류는 고등학생 시기에 교과서에 갇히기 쉬운 아이들의 시야를 넓히고 사고를 확장하도록 돕는다.

한민고는 이미 2016년부터 APU(리츠메이칸 아시아태평양대학교)와의 교류를 시작으로 활발한 해외 교류를 진행하고 있어 해외 대학을 미리 접하는 많은 기회가 열려 있다. 해외 대학을 지원하는 학생들과 해외 대학에 대한 정보를 통해서 국제적인 감각을 체득하고자 하는 학생들을 위해서 해외 대학의 관계자들을 초청하여 설명회도 진행한다. 지난 6월에는 벨기에 겐트대학교, 미국 뉴욕주립대학교, 미국 위스콘신주립대학교, 미국 조지메이슨대학교, 중국 북경이공대학교, 일본 APU 이 6개 해외 대학을 초청하여 연합 설명회를 개최하기도 했다. 이는 세계로 뻗어나가고자 하는 아이들의 가능성을 넓혀 주고, 각국의 여러 대학의 특성을 참고하여 그곳에서 꿈꿀 수 있는 학문적 발전에 대해 생각해 보는 기회가 된다.

앞으로는 더 많은 학교를 초청하여 다양한 해외 대학에 대한 정보를 제공하려고 계획하고 있다. 이미 국내 인천 송도에 있는 글로벌 캠퍼스를 방문하여 학교에서 제공하는 실험에 참여하기도 했고, 한 미 동맹재단, 경제인 연합회 등에서 주최하는 국제회의에 참여하며 경험을 쌓기도 했다. 많은 경험과 정보를 바탕으로 미래 인재로서의 역량을 갖춰가는 좋은 교육이 이루어진다면 앞으로 해외에 진출하고 세계 무대에서 역량을 발휘하는 인재들은 더욱 많아질 것이다.

한민고의 로비에는 대형 세계지도가 걸려 있다. 파주 용미리의 시골에서 나아가 세계로 웅비하는 한민고의 의지를 담은 동시에, "위풍당당 한민 10년, 세계로 미래로!"라는 개교 10주년의 슬로건에 맞춰 설치한 것이다. 세계를 가슴에 품는 인재, 인류를 위한 인재를 육성하고자 하는 한민고의 포부와 함께 학생들이 더욱 큰 꿈을 꾸고 더 큰 무대에서 그 꿈을 펼치길 바라는 마음이다.

단순하게 좋은 대학에 가는 것만을 인생의 목표로 두기에 인생은 너무 길다. 대학에 가는 것으로 끝나는 게 아니라 그 이후에 본인이 좋아하고 잘하는 것을 할 수 있는 힘을 길러 꿈을 펼칠 수 있어야 한다. 앞으로는 기존에 있던 직업이 사라지고 더 많은 직업이 생긴다고 하는데, 어떤 직업이 생기고 각광받을지 아무도 모른다. 이미 갖춰진 시스템에 편입하는 것이 아니라 세계 무대에서 판도를 뒤집는 게임 체인저가 될 수 있는 아이들에게 자유로운 창의력과 자신감을 심어 주는 교육이 더욱 필요한 시점이다.

목표가 있는 아이들이 전문성을 갖춘다

보통 입시를 목표로 학습하다 보면 수많은 과목에 대한 전반적인 지식을 쌓아가는 데 집중하다 보니, 어떤 분야에 대하여 전문성을 기르는 것은 대학에 가서 해도 충분하다고 오해하는 경우가 많다. 하지만 여러 교과 공부를 잘하는 아이들이 꼭 대학에 가야 전문성을 갖출 수 있는 것은 아니다. 당장 석·박사 학위를 따야 전문가가 될 수 있는 것도 아니다. 하고 싶은 일에 집중하고 탐구하며 전문성을 키우는 경험을 해 봐야 아이들은 점점 더 파고들고 집중하는 능력을 기를 수 있다. 왜 공부해야 하는지 모르는 채, 그저 대학에 붙어야 하니까 공부하는 아이들은 대학에 가도 자신이 집중하고 싶은 분야에 대해 전문성을 기르지 못하고 또다시 학점에만 매몰될 수 있다. 자신이 하고 싶은 일을 구체적으로 상상하고 목표를 세워 본 경험이 있다면 나이가 어리더라도 전문성을 쌓아 나가고 추진력을 가질 수 있다.

한민고에 입학했을 때부터 모든 학생이 또렷한 진로 목표를 가지고 있는 것은 아니다. 당연히 여느 청소년들과 마찬가지로 자신의 적성을 고민하고 탐색하는 과정을 거친다. 다만 자신의 관심사나 진로에 따라서 참여할 수 있는 다양한 프로그램이 마련되어 있고, 이를 통해 자신이 전문성을 갖고 싶은 분야를 탐색하여 집중하는 학생들이 많다. 예를 들어 과학 탐구에 흥미가 있는 학생들은 자연 과정 과제연구, 과학 토론, 발명 콘

테스트, 노벨 과학 에세이, 자생생물 세밀화 대회, STEAM 탐구 활동, 한민 포럼 등을 통해 관심 분야에 대한 사고 영역을 키워 나간다.

학생들은 이 과정에서 포기하지 않고 집요하게 매달리는 방법을 터득한다. 선생님들이 말하는 한민고에 없는 두 가지는 바로 '대충'과 '요령'이다. 잘 풀리지 않는 문제가 있으면 선생님들께 질문하면서 끝까지 풀고, 다양한 연구와 프로젝트 과정에 어려운 점이 있어도 포기하지 않고 매달린다. 이는 누가 시켜서가 아니라, 스스로 설정한 목표에 도달하기 위해서다. 항상 자신이 선택한 일에 최선과 열정을 다하는 과정에서 학생들은 자연히 전문성을 키우는 방법을 습득한다.

그 덕분인지 한민고는 공교육 시스템을 따르는 일반고등학교이지만, 여느 학교에 뒤지지 않는 놀라운 성과를 거두고 있다. 특히 카이스트, 포스텍 등 여러 과학기술원 및 과학 기술 특화 대학에 진학하는 학생들도 많아졌다. 목표 의식을 또렷하게 갖고 자신이 배우고자 하는 영역에서 사고력을 확장하는 연습을 반복하기 때문에 결과적으로 좋은 입시 결과가 나오는 것이라고 본다.

한민고는 입학생 중 절반 이상이 군인 자녀라는 특성상 매년 70~100여 명이 사관학교 입학시험에 도전한다. 부모는 자식에게 가장 큰 스승이라 할 만큼 큰 영향력을 지닌다. 꽤 많은 전학을 다니면서 안정적인 학교생활을 누리지 못했던 군인 자녀임에도 불구하고, 나라를 위해 헌신하는 부모님의 모습을 보며 자란 아이들은 부모님에 대한 존경심을 바탕으로 애국정신과 사명감 역시 깊게 자리 잡혀 있으리라고 짐작해 본다.

사관학교를 지망하는 학생들이 많다는 특수성이 있다 보니, 사관학교 최종 합격을 목표로 하는 학생들의 필요에 따라 다른 학교에는 없는 한민고만의 사관학교 입시 프로그램도 운영하고 있다. 입시 기간에는 약 2주간 매일 두 시간 면접 지도, 1시간 체력검정 방과 후 학습이 개설되어 사관학교 지원자 학생의 최종 합격을 돕는다. 간절한 만큼 힘든 시간이지만 목표하는 바가 뚜렷하게 정해져 있는 아이들은 불안하고 초조하더리도 그 시간을 합격을 위해 노력하는 데 쏟는다.

미래 인재에게 묻는다

디지털 홍수 시대에 사는 요즘 세대는 점차 활자에서 멀어져서 문해력이나 공감 능력, 이해력 등이 떨어지는 편이라고 한다. 학업 성취뿐 아니라 여타 이해 능력이 부족해지고 있다는 것은 분명 사회적으로 경각심을 가져야 하는 부분이다. 물론 과학 기술과 인공지능 기술의 발달 등으로 인간의 사고 능력이 일정 수준은 떨어져도 무방하리라 생각할 수 있다. 하지만 첨단화된 기술과 기계를 주도적으로 활용하기 위해서, 또한 그 안에서 남들과 다른 효용적 능력을 발현하기 위해서는 오히려 그 어느 때보다 높은 차원의 사고 능력이 필요해질 것이다. 인공지능이 대체할 수 없는 능력, 오히려 인공지능을 가장 유용하게 활용할 수 있는 창의 융합력을 길러야 한다.

세계적인 기업가로 꼽히는 스티브 잡스나 엘론 머스크 등의 공통점은 새로운 아이디어를 바탕으로 디자인, 기술, 사용자 경험 등의 다양한 분야를 접목하고 각 분야 전문가와 협업하여 혁신적인 제품을 선보였다는 점이다. 즉 이들의 핵심적인 능력은 세상에 전혀 존재하지 않던 것을 생각해낸 것이 아니라, 기존에 존재하는 것에 아이디어를 덧붙이고 새로운 관점에서 바라보거나 다양한 분야를 연결하여 가치를 창출해냈다는 것이다. 인공지능의 발달로 빠르게 변화하는 사회에서 앞으로는 다양한 경험과 지식을 바탕으로 새로운 각도에서 접근할 수 있는 능력이 무엇보다 중요할 것으로 꼽힌다.

미래 시대를 이끌어 갈 청소년들에게 중요한 또 다른 역량은 어떤 것이 있을까. 우선 자신의 의사를 주체적으로 결정할 수 있는 능력을 갖추는 것도 중요하다. 일찍부터 자립심을 갖고 자기만의 것을 만들어 본 한민고 학생들은 창의적인 발상으로 다양한 문제를 해결해 본 경험을 이미 가지고 있기에, 사회에 나가서도 자신이 하고자 하는 역할을 충분히 해내리라고 믿는다.

한편으로는 개인주의적 성향이 짙어지는 사회인 만큼 오히려 함께 나누고 더불어 사는 공동체적인 역량도 매우 중요해질 것이라고 본다. 옛 속담에 "빨리 가려면 혼자 가고, 멀리 가려면 함께 가야 한다."라는 말이 있다. 발 빠르게 변하고 과학과 인공지능이 대세를 이루는 사회에서는 인간 본연의 존엄을 지속시킬 수 있는 능력, 남을 배려하고 공감하고 연민할 수 있는 인간의 고유한 능력이 더 소중할 것이다.

　미래를 이끌어 갈 학생들에게 한민고에서 가장 바라는 점은 바로 이러한 인간 고유의 능력을 키워 나가는 것이다. 한민고에서는 '대한민국 유일의 군인 자녀 학교, 대한민국 최고의 애국적 명문 사학'이라는 비전 아래 '희생과 봉사, 애국과 헌신'이라는 공통된 덕목을 추진해 나가고 있다. 희생적이고 헌신적인 인재를 육성하는 것이 한민고의 교육 철학이다. 촛불과 같이 자신을 태워 주변을 밝히고, 비누와 같이 자신을 녹여 때를 씻어 내는, 희생적이고 헌신적인 사람을 길러 내고 싶다. 물론 대학도 잘 보내고 싶고 성공하는 인재도 만들고 싶지만, 무엇보다도 좋은 사람으로 살아갈 수 있다면 더 바랄 나위가 없겠다.
　한민고 학생들의 선한 영향력이 파주 용미리에서 대한민국으로, 대한민국에서 세계로 좋은 영향력을 끼치고 또한 세계를 아우르는 인재를 키워 낼 자양분이 되리라고 생각한다. 한민고에서 추구하는 인류 공영에 이바지할 인재 육성을 위한 하나의 실천 과제인 셈이다.

　결론적으로 한민고에서 배우고 성장하여 미래를 책임질 아이들에게 궁극적으로 묻고 싶은 질문은 단 하나다. "Are you a good man(당신은 좋은 사람입니까)?" 여기에 당당하게 답할 수 있는 학생들이라면 학교 바깥의 더 넓은 세상으로 나가서 세상이 요구하는 역량을 훌륭하게 발휘할 것이라고 믿는다. 이는 자신의 성취와 발전을 위한 일인 동시에 국가와 사회 발전에 이바지하는 일이기도 하다. 좋은 사람이 하는 일은 좋은 방향성을 갖기 마련이다.

도전이 열어 주는 한민인의 가능성

4기 최원혁(아주대학교 국방디지털융합학과 재학)

안녕하세요. 한민고등학교를 4기 졸업생 최원혁입니다. 저는 현재 아주대학교 국방 디지털 융합학과에 재학 중입니다. 저에게 한민고등학교를 정의하라고 하면 '모든 것을 도전할 수 있는 학교'였습니다. 17살의 어린 나이에도 학원이나 타인의 도움 없이 스스로 진로를 찾고, 자기주도적 학업을 해 나갈 힘을 기르고 성장시켜준 공간이었습니다. 그래서 저는 오늘 제가 한민고에서 입시를 준비한 이야기를 천천히 풀어 보고자 합니다. 부족한 글쓰기 실력이지만 저의 솔직한 이야기가 많은 분에게 도움이 되길 바라며, 글을 시작합니다.

고등학교에서의 모든 생활은 결국 대학 입시와 연결됩니다. 그렇다 보니 다수의 학생은 자신이 진학할 전공을 정해두고, 전공 적합성 관련된 활동에만 집착하며 고군분투하기 마련입니다. 하지만 저는 고등학교 생활이 정형화된 활동만 하기에는 아쉬운 시기라고 생각하였습니다. 틀 없는 활동을 통해 시야를 넓히고 싶었던 저는 흥미가 생기면 뭐든 도전하였는데 그 중 첫 번째는 한민고등학교 홍보대사 한얼입니다. 한민고등학교에서는 학기마다 입학설명회가 진행되었습니다. 그날 방문해 주신 예비 고등학생 친구들과 학부모님들께 학교를 한 바퀴 돌며 설명해 드리는 것이 저희의 역할이었습니다. 학교의 대표가 되어 한민고등학교의 이미지와 특성을 알리는 중요한 역할이었기 때문에 굉장한 책임감을 느끼고 임했던 기억이 납니다. 특히 어린 나이에 강당을 가득 채운 내빈분들 앞에 서서 입학설명회를 진행했던 기억, 흰 단복을 입고 같이 새벽까지 투어 연습을 하던 기억은 아직도 자주 떠오릅니다. 고등학생 때 경험해 보기 쉽지 않은 학교 투어, 외부 학교 방문, 입학설명회 사회자 등의 활동은 아직도 큰 추억으로 남아 있습니다.

두 번째는 교육봉사동아리인 길라잡이 활동입니다. 실제로 주변 지역 초등학교 학생들이 한민고등학교로 와서 함께 교육 활동을 진행하였습니다. 저는 초등학교 3학년 학생과 조가 되었고, 수학과 과학을 중심으로 수업을 진행해 주었습니다. 학교 수업만으로는 따라가기 어려운 내용을 보강하여 채워주기도 하고, 상담을 통해 학생이 힘들어하는 일이 있으면 같이 들어주기도 했습니다. 주말에는 한민고등학교의 다른 동아리 부원들과 연계 활동을 진행하여 신문, 의학, 법 등 다양한 활동까지 가능해서 저 스스로에게도 많은 도움이 됐던 경험입니다. 이는 제가 직접 수업 일정을 짜고, 어떤 부분을 도와줄지 정하며 학생과의 정서적 교감까지 이어질 수 있었던 동아리 활동이었습니다.

그 외에도 의학 자율동아리인 한민초아, IoT 자율동아리 Hit 등 다양한 활동을 통해 제 시야를 넓혀 나갔습니다. 한민초아는 의공학에 관심이 생겼을 때, 의공학에 관심이 있는 친구들과 소통하며 배우고자 가입한 동아리입니다. 해당 동아리 활동을 통해 평소 배워보고 싶었던 의료기기, 생명 분야 연구를 할 수 있었습니다. 또한 교내 금연 캠페인, 손 씻기 캠페인 등 긍정적인 영향을 줄 수 있는 여러 활동이 뿌듯한 경험이 되기도 했습니다. 한민초아는 자율동아리라는 특성을 통해 시간에 구애받지 않고 원하는 활동을 편하게 할 수 있었습니다. 그리고 제가 속해 있던 Hit 동아리 또한 자율동아리입니다. 사물에 센서와 통신 기능을 내장하여 인터넷에 연결하는 기술인 '사물인터넷'에 관심이 생겼을 때 이를 이용한 과제연구를 진행해 보고자 가입한 동아리입니다. 해당 동아리 활동을 통해 전부터 막연하게 생각해 보았던 연구인 '운전 중 심정지 교통사고 예방시스템'을 실제로 구현할 수 있었습니다. 심박수 측정 센서, 아두이노 키트 등을 지원받아 구입하고 담당 선생님께 조언을 듣고, 해당 분야에 관심이 있는 친구들과 서로 알려 주고 배우며 과제 진행에 큰 도움을 받을 수 있었습니다. 기존에 있는 일반 수업에서 접할 수 없는, 다양한 분야를 스스로 찾아서 연구할 수 있는 환경이 제가 여러 관심사를 공부하는 데 큰 도움이 되었습니다.

또한 학교에서는 때마다 다양한 학과에 대한 정보를 미리 접할 수 있는 입시설명회도 매우 활발하게 진행되었습니다. 여러 대학의 여러 학과에서 한민고등학교를 방문하여 설명회를 진행하였는데 이 또한 저에게 큰 도움이 되었습니다. 막연히 인터넷을 통해 얻는 정보가 아닌 실제 재학생이나 입학사정관에게 듣는 정보는 훨씬 큰 도움이 되었습니다. 그때 들었던 대학 입학설명회 중에 저의 마음을 사로잡은 곳이 바로, 지금 제가 다니고 있는 아주대학교 국방디지털융합학과입니다.

아주대 국방디지털융합학과는 다양한 공학적 지식을 융합하면서도 국방 기술과 연결된, 조금은 특별한 학과입니다. 원래부터 군인의 꿈을 가지고 있었던 저에게 이러한 학과 소개는 매우 매력적으로 들렸습니다. 제 성격이나 학업 습관 등을 종합적으로 고려해 본 후 저에게는 이 과가 가장 적합할 것이라는 결론을 내렸습니다. 국방디지털융합학과는 아주대학교에만 있는 과로서 정보통신기술 기반의 군계약학과입니다. 그래서 학비가 전액 무료이며 일정 수준의 성적 결과를 얻으면 기숙사와 장학금 등을 제공하고, 졸업 후 공군 장교로 임관하게 됩니다. 그리고 임관 후에는 공군의 정보통신 분야의 기술병과에서 7년간 의무복무를 하게 됩니다.

현재 가장 큰 성장 가능성을 보여 주고 있는 방위산업 분야의 일원으로 자리 잡을 수 있다는 뿌듯함, 대한민국을 방위하는 의미 있는 직종에서 일할 수 있다는 점은 너무나 큰 매력으로 다가왔습니다. 이러한 점들이 제가 이 학과를 지원하는 데 큰 동기부여가 되었습니다.

저희 과의 수업은 군사학 수업과 소프트웨어 중심 수업을 융합하여 진행됩니다. 졸업생들은 공군 기술병과로 들어가기 때문에 평소에 소프트웨어, 정보통신, 무기 개발 등의 분야에 관심이 있는 학생이라면 저희 과를 눈여겨봐도 좋다고 생각합니다. 또한 해당 학과에는 한민고등학교 졸업생 선배분들 또한 다수 재학 중이기에 많은 상호작용이 가능합니다. 저 또한 학과 입학 후 낯선 상태였을 때 한민고등학교 졸업생이신 재학생 선배님들께서 다양한 학업 자료도 제공해 주시고 의지가 되어 주셔서 큰 도움을 받았던 기억이 납니다. 그리고, 저는 기대했던 것만큼 지금 제 전공에 아주 만족하며 재미있게 대학교 생활을 누리고 있습니다. 사립대학교에 개설된 학과이다 보니, 다른 학과와 다르지 않은 평범한 대학 생활을 누린나는 섬이 가장 만족스럽습니다. 수업 시간을 제외하면 자유롭게 시간 활용이 가능하고 학부 생활 중에 군 복무를 하지 않아서 그 시간에 제가 하고 싶었던 것들을 하나씩 하고 있습니다.

저는 현재 과 대표를 맡아 친구들의 친목을 도모하고 있고, 자격증 준비도 짬짬이 하고 있습니다. 또한 다양하게 도전했던 고등학생 때의 성격이 그대로 남아 꼭 하고 싶었던 놀이공원 아르바이트도 도전하며 제 버킷리스트를 하나씩 채워나가고 있습니다. 든든한 선배님들께 조언을 들으며, 자유로운 대학 생활과 군인의 꿈까지 이룰 수 있어서 후회 없는 입시라고 스스로 자부하고 있습니다.

제가 한민고등학교 재학 중에 접했던 입시설명회가 진로 결정에 있어 매우 큰 도움이 되었던 기억은 여전히 강하게 남아 있습니다. 이에 저 또한 후배들에게 좋은 영향을 주고 싶어 입시설명회에 꾸준히 참여하고 있습니다. 모교 방문을 통해 학과를 설명해 주고 상담도 진행하며 저와 비슷한 상황이었던 후배들에게 힘을 주고 있습니다.

외부 기관의 컨설팅이나 여타 도움을 받기가 어려운 환경임에도 불구하고 제가 원하는 결과를 이룰 수 있었던 건 다양한 환경을 제공해준 학교의 역할이 큽니다. 한민고는 저에게 진로를 선택할 수 있는 다양한 길을 제시해 주었습니다. 남들 보여주기식의 활동만을 진행하는 것이 아니라, 실제로 내실 있는 활동을 진행하고, 그 속에서 자연스럽게 본인의 적성과 진로를 찾을 만한 환경을 갖춘 최적의 학교였습니다. 그렇다고 해서 단순히 하고 싶은 것을 전부 다 해 보라는 조언을 하는 것은 아닙니다. 입시에는 답이 없고, 제 사례가 정답이라고 말할 수는 없습니다. 그러나 적어도 저의 경우에 있어서는 갈피를 잡지 못하고 혼란을 겪고 있을 때, 자신을 알고 돌아보고 좋아하는 것을 찾을 만한 기회를 적기에 가졌다고 생각합니다. 아직 모든 일을 확신에 차 결론을 내려 버리기엔 우리는 아직 너무 어립니다. 진로에 대한 확신을 가진 학생만이 수시 전형에 성공하는 것은 아니기에 진로는 충분히 자주 바뀌어도 된다고 생각합니다.

여러분은 얼마든지 진로를 고민하고 바꿔보고 혼란을 겪을 수 있는 나이입니다. 모든 분야의 기초가 되는 학업에 열중하면서 자신만의 길을 찾아 나선다면, 여러분도 충분히 성공적인 결과를 맞이하리라 생각합니다. 여러 활동을 통해 시야를 넓히고, 외부에서 하기 힘든 새로운 경험을 주고, 활발하게 이루어지는 입시설명회를 통해 스스로 입시를 할 수 있는, 진정한 자기주도형 입시가 가능한 학교, 한민고등학교는 여전히 저에게 있어서 최고의 선택이라고 자부합니다.

사람이 온다는 건

2기 김지용(육군사관학교 78기 졸업, 21사단 복무 중)

《논어(論語)》의 〈술이(述而)〉편에 '삼인행필유아사(三人行必有我師)'라는 말이 있다. 세 명이 길을 가면 그중에 반드시 스승이 있다는 말로, 어떤 이에게든 본받고 배울 점이 있다는 뜻이다. 한민고학교를 졸업한 지도 벌써 수년이 흘렀지만, 고등학교 시절을 떠올리니 이 구절이 떠오른다. 그런데 안타깝게도 나는 한민고 졸업식은 가지 못했다. 그날 나는 육군사관학교에서 실탄 사격을 하고 있었다.

어른이 된 어느 날 나는 문득 '이 세상에 나만 존재한다면 어떻게 될까'라고 생각한 적이 있다. 대신 물질적 풍요와 시간적 여유를 가질 수 있다면, 그것으로도 행복할 수 있을지 생각했다. 하고 싶은 것을 마음대로 다 할 수 있으니 행복할 수 있겠다는 생각을 하다가, 곰곰이 생각해 보니 그건 너무 불행할 것 같았다. 내가 아무리 잘나고, 돈이 많다고 한들 그것을 축복해 주고 행복을 같이 나눌 사람이 없으면 아무런 의미가 없기 때문이다. 그 이후 나는 우리에게 가장 중요한 것은 사람이라는 생각을 지니게 되었다. 좋은 기억이든 싫은 기억이든 많은 일이 시간이 지나면 잊히기 마련이지만 같이 있었던 사람들은 오래도록 기억에 남는 것 같다.

한민고등학교에서 보낸 나의 3년은 그 안에서 함께한 사람들에 대한 기억과 함께 너무나 행복했던 시간이다. 지금 다시 고등학교로 돌아가겠냐고 누군가 물어본다면 흔쾌히 그렇다고 할 것이다. 나의 기억 속에 모교가 이렇게 좋은 모습으로 남아 있는 이유는 그 안에 있는 사람들 덕분이다. 최신식 시설, 깊이 있는 수업, 다채로운 활동들도 좋았지만, 무엇보다 가장 기억에 남는 것은 그때 시간을 함께 보냈던 사람들이다. 그들과 함께하며 많은 것을 배웠고, 그것이 나의 삶의 태도에도 영향을 미쳤으며, 그 덕분에 지금도 목표를 향해 순항 중이다.

2022년 3월, 육군사관학교를 78기로 졸업하고 육군 소위로 임관했다. 나는 군인이기 전에 군인 가족이다. 선배 장교이신 아버지를 오랫동안 보아 왔고, 남들과는 다른 아버지의 특별한 모습이 지금의 나를 만들었다. 나는 아버지를 따라 학창 시절을 여러 지역에서 보냈다. 초등학교를 세 곳, 중학교를 두 곳에서 다녔다. 이제 와 생각해 보면, 도시에서 살며 다양한 문화생활을 즐기기도 하였고 시골에서 살며 그 지역만의 특색을 즐기기도 하는 등 다양한 경험을 할 수 있는 좋은 기회였다고 생각한다. 다만 한 가지 아쉬운 점은 관계를 지속할 수 있었던 친구가 딱히 없었다는 것이다. 기껏 친구를 사귀었다 싶으면 어김없이 전학을 가야 했다.

전학을 갈 때쯤 매번 부모님과 실랑이를 벌였다. 오죽했으면 전학을 가기 싫어서 그 지역에 혼자 남아서 자취하겠다고 했으랴. 그런 나에게 한민고에서 만난 친구들은 귀중한 인연이 되었다. 같이 수업을 듣고, 같은 면학실에서 공부하고, 같은 방에서 잠을 자는 친구들을 얻었다. 지금도 가끔 누구에게 털어놓기 힘든 일이 있으면 고등학교 시절 룸메이트에게 전화를 건다. 그 친구들은 내가 갑자기 연락해서 무슨 말을 해도 다 들어 주고, 아무리 오랜만에 만나도 어색하지 않다.

전국에서 모인 한민고 친구들은 하나같이 성실하면서 다채로운 매력을 지녔다. 화학, 물리 등 특정 분야에 꽂힌 친구가 있는가 하면, 악기를 기가 막히게 다룰 수 있는 친구도 있었다. 또한 원어민과 맞먹을 정도로 영어 회화를 잘하는 친구들도 있었다. 사실 처음 고등학교에 올라가서 친구들을 만났을 때 기가 많이 죽기도 했다. 중학교 때까지만 하더라도 남을 부러워한 적이 없던 나였는데 고등학교에 와서는 늘 부족한 부분이 많다는 생각이 들었다. 하지만 그들을 그저 부러움의 대상에 그치지 않고 배움의 대상으로 생각하니 나에게도 많은 발전이 있었다. 완벽히 이해되지 않는 것이 있으면 더 잘하는 친구를 찾아가 도움을 받으며 나의 지식과 깨달음을 넓힐 수 있었다. 현실에 안주하고 안일한 마음을 가질 때마다 새벽같이

일어나 공부하던 친구들과 자투리 시간까지 활용해 가며 틈틈
이 공부하던 친구들을 보며 반성하기도 했다. 그렇기 때문에
나에게 있어 한민고는 배움의 터전이자 좋은 동기 부여가 된
곳이다.

　군인의 꿈을 밀고 나갈 수 있었던 것도 같은 길을 걷던 친구
들 덕분이다. 정신없이 공부하다 보면 내가 무엇을 위해 공부
하는지 그 목적을 잊을 때가 참 많았다. 군인으로서 꿈꿨던 명
예와 희생정신 등은 온데간데없고 내 머릿속에는 국어, 영어,
수학만 남는 것이다. 그럴 때마다 비슷한 꿈을 가졌던 친구들
과 함께하며 나 자신을 많이 돌아봤다. 나는 JROTC 동아리 부
원으로서 친구들과 1학년 여름 방학에 국토 순례를 갔다. 이
때 연평도 포격 현장을 방문하고 해병대와 협조하여 해안 철
책을 따라 걸어 보는 등 일반 고등학생이 하기 힘든 경험을 했
었다. 그 경험을 계기로 하여 군인이란 단순한 직업의식을 넘
어서 사명을 지닌 존재여야 한다는 마음가짐을 갖게 되었다.
이후에도 생각이 복잡할 때면 각자 왜 군인이 되고자 했는지
허심탄회하게 이야기하며 마음을 다잡기도 했고, 사관학교 1차
시험이 임박했을 때는 같이 문제를 풀고 서로 면접 문제를 봐
주면서 부족한 부분을 채워 나갔다. 나는 이 길에 혼자서 걷는
게 아니라 함께하는 친구들이 있다는 생각이 큰 힘이 되었다.

　고등학교 재학 시절은 순수함의 낭만이 있지만, 동시에 그
이면의 불확실성으로 인해 걱정투성이인 순간이다. 그런 우리

를 이끌어 주신 것이 은사님들이다. 한민고 선생님들은 지식은 물론이고 그에 걸맞은 열정과 인성까지 갖추신 분들이었다. 아직도 육군사관학교 2차 시험인 면접을 준비하던 때가 생생하다. 사관학교 입시 학생들을 위한 면접준비실이 따로 마련되었고 우리를 전담해서 관리해 주시는 선생님이 계셨다. 함께 예상 가능한 모든 질문을 추려 답변을 준비하고 연습했다. 최종 시험을 코앞에 두고는 실전과 유사한 형태로 압박 면접도 진행했다. 회의실에서 부장 선생님 두 분을 포함한 다섯 명의 선생님 앞에서 모의 면접하는 동안 모든 과정을 녹화해 분석 후 피드백을 받았다. 실제 면접에선 선생님들과 고심했던 예상 질문이 적중했다.

밤에는 체육 선생님과 함께 체력검정을 준비했다. 매일 저녁에 지도해 주셨는데 특히 오래달리기 주법 등을 익히는 데 많은 도움을 주셨다. 덕분에 나는 연습보다 쉬운 실전을 치르고 육군사관학교에 합격했다. 교사란 단순히 교과 지식을 전달하는 사람이라고 생각했는데 한민고 선생님들을 통해 지식 전달뿐 아니라 학생들이 원하는 목표에 도달할 수 있도록 아낌없이 지원해 주는 역할도 할 수 있다는 것을 깨달았다. 지금 내가 이룬 것은 결코 나 혼자만의 노력으로 이룬 것이 아니라는 생각으로 늘 감사한 마음을 갖고 있다.

훌륭한 친구들과 선생님들과 함께 한민고등학교에서 3년을 보내니 나에게도 나름의 삶의 자세가 생겼다. 배움을 주저하지

말 것, 그리고 요행을 바라지 말 것. 이것이 내가 얻은 깨달음이다. 고등학교를 졸업한 이후에도 항상 그때의 마음으로 살려고 노력했다. 육군사관학교에서 4년 동안 학업, 운동, 훈련 등을 병행해야 해서 하루하루가 쉽지는 않았지만, 묵묵히 나의 부족함을 채우며 살아왔고 성공적으로 임관할 수 있었다. 누군가 내가 이룬 성취의 원동력이 무엇이냐고 물어본다면 그 시절의 배움으로 갖게 된 가치관 덕분이라고 말할 것이다.

임관한 지 반년이 조금 넘은 따끈따끈한 소위인 나는 어엿한 육군 장교로 강원도 양구 한 부대에서 소대장을 맡고 있다. 양구에는 '화이트 어린이날'이라는 말이 있다. 어린이날이 있는 5월에도 눈이 오기 때문이다. 그만큼 춥고 열악한 이곳에서 수십 명의 부하와 동고동락하는 것이 나의 임무다. 아픈 곳은 없는지, 힘든 일은 없는지, 부족한 점은 없는지, 생활부터 훈련까지 모든 것을 관리한다.

새로운 출발을 할 때마다 늘 그렇듯, 나는 요즘 어떻게 살아야 하는가에 대한 고민을 많이 한다. 가끔은 육체적으로 지치기도 하고, 정신적으로 안일해지기도 하지만 그때마다 마음을 다잡는다. 고등학교 친구들을 보면서 자극을 받고 많이 배웠던 것처럼, 나 역시도 누군가에게는 꿈이 될 수 있다는 마음가짐을 갖고 좋은 본보기가 될 수 있도록 성실한 삶을 살려고 노력한다.

　　마블의 영화 〈토르〉에서 천둥과 번개의 신인 토르는 고향 행성 아스가르드를 지키기 위해 누나이자 죽음의 신 헬라와 치열한 전투를 벌인다. 한창 전투를 벌일 때 그의 아버지 오딘이 나타나 토르에게 이런 말을 한다.

"Asgard is not a place. Never was. Asgard is where our people stand."(아스카르드는 장소가 아니다. 그런 적이 전혀 없다. 사람들이 서 있는 곳이 바로 아스가르드다.)

　　그들의 정체성은 단순히 이곳, 땅의 위치에 있는 게 아니라 그곳에 사는 사람들이 결정한다는 의미이다. 이 대사를 듣고 우리 학교 사람들이 떠올랐다. 함께 앉아서 수업을 듣고 공부했던 친구들이 이제는 각자 흩어져서 지내는 것이 처음엔 못내 아쉬웠다. 더는 이렇게 함께 모이지 못한다는 것이 아쉽고 슬펐는데 이제 생각이 조금 바뀌었다. 우리가 함께한다는 것은 장소의 문제가 아니다. 우리가 서로를 그리워하고 함께한다는 마음이 중요한 것이었다. 개인이 한민고등학교 졸업생이라는 이름을 달고 사회에 긍정적인 영향을 미친다면 그것이 우리의 기쁨이고 보람이라고 생각한다. 지금은 10주년이지만 앞으로의 한민고 20주년, 30주년이 더욱 기대된다. 그래서 내가 한민고에서 받은 가장 큰 선물은 역시 사람이다.

지금 세계는 좋은 사람, 좋은 인재를 바란다

　미국에서 공부하는 동안 '스케빈서헌트'라는 단체 대항 프로그램에 참여한 적이 있었다. 내용은 정해진 시간 동안에 주어진 문제를 협동해서 답을 찾아 제출하는 것이었다. 학교에서 출발해 세 시간 정도 정해진 등산 트레일을 걸으며 주변의 '다리의 개수', '오두막의 지붕 색깔', '계단의 숫자' 등 30여 개 문제의 답을 찾아와야 했다.

　내가 속한 팀은 한국인 12명으로 구성되었는데, 우리 팀은 한국인답게 체계적으로 역할 분배부터 했다. 팀장을 정하고, 조를 4개로 나누고, 각각의 조장을 뽑은 뒤 30여 개의 문제를 조별로 분배해 각기 흩어졌다. 그리고 최대한 빠르게 답을 찾아낸 뒤 답을 모아 본부에 제출하기로 했다. 나는 팀장을 맡아 일사불란하게 팀을 조직했고, 팀원들에게 담당 문제를 분배하고 답도 정확하게 찾아 겨우 한 시간 만에 정답을 모두 써서 본부에 제출할 수 있었다. 대기실에서 다른 팀들이 오기를 기다리고 있자 세 시간이 훌쩍 넘어서야 나머지 팀이 모두 도착

했다. 나는 늦게 온 학생들을 보면서 우리의 빠른 행동력을 뿌듯해하며 승리의 미소를 지었다. 그런데 평가회 시간에 성적 발표를 하는 걸 듣고 나서는 놀라지 않을 수 없었다. 우리 팀이 꼴찌를 했다는 것이다.

학교 본부에서 발표한 이유는 이랬다. 스케빈저헌트의 목적은 정답을 찾는 것보다 3시간 동안 팀원들끼리 자연 경관을 보면서 서로 대화하고 친목을 다지며 화합을 모색하는 데 있다는 것이었다. 우리 팀은 자연과 친목을 즐기라고 주어진 3시간 중 2시간을 강당에서 지루하게 기다렸다. 조별로 나누어 답을 찾느라 친목을 도모하지도 못했으며, 정상에 오르면 보이는 멋진 주변 장관도 놓쳤다. 이 프로그램의 목적과 가장 거리가 먼 행동을 했기 때문에 평가에서 꼴찌를 하게 된 것이다.

우리 한국 사람들의 교육열은 세계 1등이라고 당연히 자부한다. 하지만 우리가 늘 표방하는 성적제일주의, 대학지상주의, 정답찾기교육에 맞춰 행해지는 교육이 과연 우리를 행복하게 하고 사회를 건강하게 하는지는 의문이다. 행복을 누리라는 프로그램을 진행하면서도 경쟁의 압박에 행복할 여유를 다 뺏겨 버린 건 비단 과거 우리 팀만은 아닐 것이다. 지금 전 세계 사람들이 부러워하는 대한민국의 'K' 열풍이 온 세상을 뜨겁게 달구고 있지만, 우리 스스로 돌아보면 과연 행복한가?

OECD 국가 중 우리나라 청소년들이 가장 불행하다고 한다. 한국 사람들은 자신의 처지를 남과 비교하며 불행을 느끼는 데 익숙하다. 겉으로는 화려하고 부유해 보이는 사람들도 알고 보면 심적인 우울감과 고통을 호소하는 경우가 적지 않다. 우리나라 사람들이 이처럼 불행해지는 이유는 과연 공부를 잘하지 못해서, 명문 대학을 나온 사람들이 없어서인가?

'한 명의 천재가 만 명을 먹여 살린다'라는 20세기 캐치프레이즈가 있었다. 21세기에 이르면서 한 명의 천재보다는 협력과 상생이라는 구호가 새롭게 떠올랐다. 기후 문제, 인구 문제, 환경 문제 등 개인의 문제가 아닌 공존의 문제가 이슈로 등장하기 시작했다. 그러나 예측과는 달리 갑자기 코로나 시대가 되면서, 협력과 상생은 각자도생의 개인주의로 급속도로 신회하고 말았다. 새로운 신(新)개인주의 시대에는 개인 간 불화나 국가 간 전쟁의 불씨가 산재할 수밖에 없다. 지금의 21세기는 빌 게이츠나 스티브 잡스와는 또 다른 유형의 천재를 요구한다.

인문계 고등학교 교장으로서 나는 우리 학생들이 명문 대학에 많이 합격하고 교육을 잘 받아서 이 사회에 꼭 필요한 인재가 되기를 간절히 원한다. 사회를 번영으로 이끌 신기술과 신경영을 할 수 있는 유용한 사람들이 많이 배출되기를 바란다. 하지만 그보다 먼저 '좋은 사람'이 되기를 늘 기대하고 있다. 좋은 사람이란 촛불처럼 자신을 태워 방안의 어두움을 단번에 몰아내는 사람이다. 이 어둡고 혼탁한 세상에 스스로를 희생해 빛을 발하여 많은 사람에게 유익을 주는 선한 영향력의 사람들이다. 스스로를 녹여 때를 벗겨 내는 비누처럼 자신을 희생하여 세상을 깨끗하게 하는 그런 사람들이 절실히 필요하다.

그렇다면 그런 촛불과 같은 인재는 어떻게 육성하는가? 우선 문화와 예술을 통한 정서 함양 교육과 어린 시절부터 예절을 갖추게 하는 인성 교육이 필요하다. 앞으로 과학이 발전하고 인공지능과 인터넷이 발달할수록 오히려 함께 기뻐하고 공감하고 협력하는 인간 본연의 모습을 탐구하는 노력이 더욱 요구될 것이다. 그런 의미에서 문화와 예술은 사람들의 마음을 평화롭고 풍요롭게 한다.

또한 문화예술과 과학을 연결하는 융합적 예술도 앞으로는 더욱 중요해질 것이다. 요즘 초등학교에서부터 고등학교까지 코딩 교육이 붐을 이루고 있다. 앞으로는 코딩 능력 자체보다도 이를 이용하여 로봇, 인공지능, 첨단 장비와 순수 예술의 융합을 만들어 내는 것이 더욱 많은 이들의 마음을 움직일 것이라고 본다. 지난 가을, 학교 체육관에서 로봇 피아니스트와 오케스트라와 협연하는 공연을 열었다. 피아노를 치는 로봇의 프로그램은 학생들이 직접 코딩하여 제작했다. 당대 최고의 과학적 발전인 로봇이 인간의 감성을 담은 예술과 어우러져 뭉클한 새로운 감동을 줄 수 있던 시간이었다.

좋은 사람을 만들기 위한 또 하나의 방편은 인성 교육과 인문학 프로그램 활성화다. 초등학교부터 예절 교육, 질서 교육을 실시하고, 중학교부터는 심리학, 종교학, 철학, 미학, 사회학 등 인간 내면을 위한 교육을 할 필요가 있다. 사회에서 모범이 되는 분들을 특강 강사로 모셔서 지속적으로 인성과 인문학 분야 강의를 하는 것도 좋다. 또한 입시를 위한 독서가 아닌 사람의 마음을 풍요롭게 하는 독서 교육이 필요하다. 현재 고등학교에서는 고교학점제가 적용되면서 주요 과목인 국어, 영어, 수학이 아닌 다양한 전문 과목들이 지필 평가의 틀에서 비교적 자유로워졌다. 따라서 인성 관련 과목의 개설은 학교장의 의지가 있다면 비교적 어렵지 않을 것이다. 한편으로 대학에서는 수시 모집에 반영하는 부분을 기초학업 역량에만 치우치지 않고, 다양한 인성 과목의 이수 여부도 중요 사정 요인으로 인정한다면 더욱 효과가 있을 것으로 기대한다.

마지막으로 개인을 중시하는 사회일수록 나누는 삶, 베푸는 삶도 중요한 덕목이 되어야 할 것이다. 특히 봉사활동, 기부활동을 강조하고 싶다. 우리가 살아가는 지구촌은 특정 지역에서의 문제가 다른 모든 인류에게 영향을 미칠 수 있다. 얼마 전에도 우크라이나 전쟁의 발발 이후 곡류 가격 인상, 천연가스 공급 부족, 세계 증시의 하락 등 많은 문제가 세계적으로 발생하기 시작했다.

이제는 단순히 내 지역, 내 나라를 넘어 지구 전체를 아우르는 개념으로 세상을 바라봐야 한다. 조금 더 가진 사람들이 덜 가진 사람들에게 베풀고 나누는 봉사활동과 기부활동이 활발하게 이루어지고 미덕으로 권장되는 것이 바람직하다. 그동안 대학 입시에서 불공정 문제가 벌어져서 봉사활동이 많이 축소되었지만, 나는 양적으로나 질적으로 봉사활동의 내용을 대학 입시에서 적극 반영하는 방향을 권장하고 싶다. 성경에서 "참으로 하나 겉치레로 하나 무슨 방도로 하든지 전파되는 것은 그리스도"라고 하듯, 봉사활동을 '참으로 하나 겉치레로 하나'

누군가 혜택을 받는다면 감사한 일이다. 나아가 인류 공영에 도움이 되리라 생각한다.

지금 우리나라에는 좋은 사람들이 절실히 필요하다. 나만 잘사는 것이 아니라, 남도 잘살게 하는 사람, 다른 사람들을 이용하지 않고, 다른 사람들을 사랑하는 좋은 사람이 필요하다. 이들이 사회에서 중요한 역할을 맡게 될수록 더 좋은 세상을 기대할 수 있을 것이다.

우리 한민고등학교는 대한민국의 유일한 군인 자녀 학교이며 최고의 애국적 명문 사학을 비전으로 삼고 있다. 직업 군인의 잦은 전근으로 인한 군인 자녀들의 학업 불안정을 배려하기 위해서 세워진 학교이지만, 이제는 배려받은 것을 사회에 돌려놓을 수 있는 배려하는 학교로 성장해 나갈 것이다. 이러한 비전을 성취하기 위해 한민고가 실시하고 있는 자기주도적 학습 능력 배양 교육, 더불어 사는 삶을 이루는 다양한 교육 활동은 큰 도움을 줄 것이라고 자부한다. 한민고에서 추구하는 '함께하고, 나누고, 더불어 사는 삶'에 대한 교육 철학과 삶의 자세가 곳곳에 전파되어 행복하고 아름다운 세상이 다가오기를 간절히 바란다.

2023년 9월,
한민고 도서관에서 교장 신병철

한민고 이야기

초판 1쇄 발행 2023년 9월 20일

지은이 임혜림, 김택헌, 김형중, 신병철
펴낸이 박영미
펴낸곳 포르체

책임편집 임혜원
편집 김성아 김다예
책임마케팅 김현중 │ 마케팅 김채원
디자인 황규성

출판신고 2020년 7월 20일 제2020-000103호
전화 02-6083-0128 │ 팩스 02-6008-0126
이메일 porchetogo@gmail.com
포스트 https://m.post.naver.com/porche_book
인스타그램 www.instagram.com/porche_book

ⓒ 임혜림, 김택헌, 김형중, 신병철(저작권자와 맺은 특약에 따라 검인을 생략합니다.)
ISBN 979-11-92730-78-3 (03370)

여러분의 소중한 원고를 보내주세요.
porchetogo@gmail.com